航行七大洋的故事

Ships: and How They Sailed the Seven Seas (5000 B.C.–A.D.1935)

［美］亨德里克·威廉·房龙◎著

焦晓菊◎译

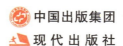

中国出版集团

现代出版社

图书在版编目（ＣＩＰ）数据

航行七大洋的故事 /（美）房龙著；焦晓菊译 . ——
北京：现代出版社，2016.3（2023.9 重印）
（房龙真知灼见系列）
ISBN 978-7-5143-4532-2

Ⅰ . ①航… Ⅱ . ①房… ②焦… Ⅲ . ①航海—交通运
输史—世界—青少年读物 Ⅳ . ① F551.9-49

中国版本图书馆 CIP 数据核字 (2016) 第 024253 号

航行七大洋的故事

著　　者	（美）亨德里克·威廉·房龙
译　　者	焦晓菊
责任编辑	周显亮　哈曼
出版发行	现代出版社
地　　址	北京市安定门外安华里 504 号
邮政编码	100011
电　　话	010-64267325　010-64245264（传真）
网　　址	www.1980xd.com
电子信箱	xiandai@vip.sina.com
印　　刷	永清县晔盛亚胶印有限公司
开　　本	700mm×1000mm　1/16
印　　张	10
版　　次	2016 年 4 月第 1 版
印　　次	2023 年 9 月第 5 次印刷
书　　号	ISBN 978-7-5143-4532-2
定　　价	58.00 元

航海史就是人类受难牺牲的故事，那些不服从时空诸神的人注定要在自己的酷刑室里遭受折磨，那间酷刑室被称作"船"！

当然，这种观点异于绝大多数有关"海上生活"这一愉快主题的著作。我意识到自己在这本书中表达的诸多情感会招来许许多多诚实公民的强烈反对。古代战争中的老兵们幸福的船歌和"决一死战"的冒险故事是怎么回事？在拥挤的酒吧里，某个阴暗角落悬挂着漂亮的杰克·塔尔①的图画，他肩上站着一只鹦鹉，手里拿着一个瓶子，举到令人心生敬佩的高度——这样的绘画又是怎么回事？所有这些美妙的故事都与真正的现实毫不相干吗？水手的生活就像赤裸裸的人间地狱一般，是无休无止而令人精疲力竭的痛苦与折磨、饥渴、肉体虐待的记录吗？

是的，正是如此，我正试着尽可能文雅地表达这种意思。

毫无疑问，那些足够勇敢与坚韧的人，能够在前往地球上某个遥远角落的航行中幸存下来，对他们而言，旅途中肯定有一些短暂的片刻让他们感到深深的强烈的满足。但那样的时刻肯定非常罕见，而且彼此相隔很久。

因为，直到现代舰船出现之前，也就是20世纪初期之前，船上的生活根本不适合最初按照上帝的形象创造出来的人类。那种生活粗野而肮脏，最高的奖赏不过是裹着一幅"装有重物的吊床裹尸布"②，被丢入"浩瀚而起伏的坟墓"②中，或者最终到当地济贫院过上几年动荡的生活。

不过，仍然有很多人乐意冒险，献身于探索地球的工作，从冰封的北冰洋，一直到人迹罕至的太平洋上那些酷热的地区。这个事实跟我刚刚表达的

①Jack Tar，英国水手的绰号，"tar"即沥青，因古时候水手出海前需用沥青浸泡衣服和索具以防水，并给梳成辫子的头发抹上沥青以防发丝卷入船上的设备，故得此绰号。——译注
②引文出自丁尼生的诗歌《悼念集》。——译注

情感并不矛盾。它不过是很好地证明了少数充满幻想的人具备怎样的勇气与坚毅，他们受自己永不停歇的想象的支配，渴望用自己好奇的眼睛，看到遥远的地平线后隐藏着什么，因此被驱赶到这个世界上最偏远的角角落落。

它也以同样精彩但相当悲惨的方式，证明了普通公民具有多么崇高的自我牺牲精神。为了满足骨肉至亲的需要，他放弃了自己的幸福与安乐，以便为他们提供赖以糊口的面包——偶尔抹上一点果酱。

有些人毫不了解那波涛汹涌的深渊之上的恐怖与孤独生活，他们会怎样评判拙著我不知道。我只关心那些从切实经历中了解"海上生活"这个可怕词语的真实含义的人们如何评判。

亨德里克·威廉·房龙

亲爱的卡尔：

我希望用这本小小的书纪念我们的好朋友丹·培根（Dan Bacon）。因为他爱船，也是有史以来最优秀的船长之一。再会让佩吉感到高兴——只要有这个能力，谁不想给那双迷人而勇敢的眼睛带去一丝微笑呢？接着，我又坐下来想想丹自己会怎样看待这件事。结果，现在你发现你自己的名字出现在这一页的顶上。怀着诚挚的友谊，怀着我们所有人对你真诚的敬佩和感激，将你的名字置于彼处——这种敬佩与感激尤其来自——

你卑微而恭顺的仆人

亨德里克·威廉·房龙

献给G. 詹姆森·卡尔博士(Dr. G. Jameson Carr).

不管他身在何处

在我看来，即便人数更多的水手，对大海本身也没有真正的兴趣，如果他们不是出于需求被迫出海，那么，年轻时对荣耀的梦想，以及年老时的习惯压力，将是大海对他们产生吸引力的唯一纽带。

查尔斯·达尔文

摘自他在"小猎犬号"上所写的日记

目录

目录

01 人是陆生动物

人是一种食肉动物。

他们依靠吃其他动物而生存，通过偷窃邻居的财产而致富。因此，世界历史就是一部毁灭与掠夺的历史。

我们通常将这个难堪的事实隐藏在天花乱坠的可疑修辞之下。我们骄傲地指出人类在和平与进步领域的杰出成就。我们油腔滑调地谈论进化，高举"精益求精"的大旗。我们夸耀自己在科学与进步领域内的胜利。

但过去5000年的历史（人类历史上唯一有文字记录的部分）却证明了我上面的看法：人是一种食肉动物，依靠吃其他动物而生存，通过偷窃邻居的财产而致富。

最初，由于从古至今一直覆盖着地球大部分区域的一个因素——也就是水，人类的捕猎活动受到限制。人类生来就没有鳃和鳍，意识到自己主要是"陆生动物"，肯定会感觉非常遗憾（失望就更不用说了）。

我有意识地不在人类发展的初期提到与他们有关系的翅膀。因为过了数百个世纪之后，他们才敢梦想将自己变成人造飞鸟进而征服天空的可能性。

当然，水是一个可怕的障碍。不管是谁，如果希望从山谷的一侧前往另一侧，却发现自己面对的是谷中流淌的河流或湖

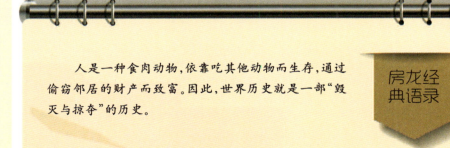

人是一种食肉动物，依靠吃其他动物而生存，通过偷窃邻居的财产而致富。因此，世界历史就是一部"毁灭与掠夺"的历史。

房龙经典语录

最早的船——用挖空的树干做成，靠人手充当船桨划动前进。

泊，都会明白这一点。但这个障碍并非不可战胜，许多动物似乎都具备游泳的本能。几百个世纪远离大自然的生活，再加上许多个世纪以来所谓的"教育"，剥夺了人类落水时让自己漂浮于水上的天生本领。不过，我们最早的祖先，无疑凭借自己的"本能"，就跟那些与自己多多少少分享这个世界的狼、熊和马一样，擅长游泳。当河流或湖泊宽得让他们无法用脚涉水而过时，他们能够借助四肢游过这段距离。

我们不妨说人类的身体就是最早劈开水波的"船"。

不过，如此一来，就将"船"这个词的本意过于引申了。我们盎格鲁—撒克逊语言中的"船"（vessel）一词来自拉丁语中的"vascellum"，其含义是"一个小瓶子"或"坛子"。正如词典上标注的那样，那是"一种用于盛物的瓶子或容器：一种可漂于水上的中空结构"。而游泳穿过开阔水域的人不完全是"一种可漂于水上的中空结构"，他也不盛放任何物品。他也许

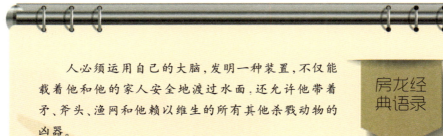

人必须运用自己的大脑，发明一种装置，不仅能载着他和他的家人安全地渡过水面，还允许他带着矛、斧头、渔网和他赖以维生的所有其他杀戮动物的凶器。

房龙经典语录

会在必要时背着自己的幼儿游泳（就像许多至今仍会通过游过一条河以逃避危险的动物一样），他甚至会将自己的一些简单物品运过水上，同样是把它们绑在自己背上。但仅此而已，人类的身体作为"船只"或漂浮在水上的容器，从来都没有获得多大成功。

那么，人怎么做才能满足自己获取海豹、鲸、海象和大海深处其他各种居民的欲望呢？它们不仅为人提供了食物，还提供了人类在大风天穿的皮毛，以及珍贵的海象牙，它们对史前社会而言就像今天的钢铁一样重要。这个问题的答案就是那个隐藏在所有进步之下的同一个老答案。人必须运用自己的大脑，发明一种装置，不仅能载着他和他的家人安全地渡过水面，还允许他带着矛、斧头、渔网和他赖以维生的所有其他杀戮动物的凶器。

02 人类的水上冒险是因为自身的需求

我不想过于唯物主义地论述船只的早期历史。人类渴望解决航海问题，为此花了数千年时间，他们的好奇心——想知道大海对面有什么东西的欲望——无疑跟这种渴望有关系。不过，经过仔细研究过去40个世纪的历史事件，我认为，当人类踏上孤注一掷的航海之旅，并最终进入七大洋最凄冷、偏远的角落时，好奇心作为发现的诱因，在激发这种行为的所有不同

人们总是有一种欲望：想知道大海的对面是什么？

瓦特发明了蒸汽机。

动机中所占的比例只有百分之五左右。人类从"受制于陆地"的动物变成在岸上和海上都同样无拘无束的生灵，其动机和驱动力是直截了当、赤裸裸的需求，是需求以及达尔文所说的"孩提时代浪漫的误传"。但在人类的所有水上冒险中，需求是首要因素。

当出于掠夺的航海将我们的祖先带到拥有黄金、香料、戴着面纱的女人和各种神秘的遥远土地时，这种冒险会获得某种模糊的魅力。诸如此类的情形并非罕见。这使得浪漫的作家很容易忽视激发这些英勇先驱的动机——它们平凡且极端实际。

如果你还记得古代航海生活的别致背景，这么做当然非常容易。那时候的船具有如此绝对的美，船长和水手每天的生活充满了那么多间不容发的脱逃和稀奇古怪的遭遇，因此这些人及其可爱的船只都很容易被变成一种华丽的模式，其中满是夸张的冒险和辉煌的经历。但事实并非如此，我的书将证明这一点。

幸运的是，尽管人是食肉动物，他们偶尔也是一种拥有杰出头脑的动物，其头脑几乎具备无限的发展能力。在我们用那个自负的名称"现代文明"所推崇的可怕混乱中，这是唯一给人希望的因素。人类永远无法完全摆脱自己所有的动物本能。为了生存，他们必须吃喝。但他们不需要像昔日的做法那样，以如此残忍的方式寻求每天的牛排和啤酒，他们能够学会在为自己和家人获取充足衣食的同时，用更体面的态度对待同类。

03 人类用智慧改进了船只，使航海变得容易

在过去的4000年中，我们的船只和船上的生活都有了很大发展，这说明，如果我们用一点智慧对付手头的问题，就能够获得成就。在我自己生活的空间，普通水手的生活已经比过去4000年有了更大的改善。跟十字军东征时期从威尼斯或热那亚前往圣地的皇帝或国王相比，如今，即使是最卑微的司炉或加油工也过着更奢华的生活。司炉至少享受着若干体面和舒适的设施，而那些皇帝或国王陛下及其随从却享受不到。

然而，过去4000年的巨大进步之所以成为可能，仅仅是因为船只自身从每个技术角度都做了如此巨大的改进，它们与最初那些漂浮的监牢几乎没有任何相似之处——后者让我们祖先中的少数人超级富有，同时却让那些为他们工作的人堕落到营养不良的驮畜的地步。

一个半世纪之前，詹姆斯·瓦特让那种取代人力的钢铁机械稳稳地站住脚跟。我不能怀着自豪的心情——指出那之后它对自己的创造者们所做的一切。但在水上，这种机器证明自己是人类最大的朋友和恩人。而且，既然我们能够在海上成功地做一件事，为什么我们无法在干燥的陆地上同样成功地做同样的事？唉，我不能扯那么远，否则——我确信——我会向你们作另一番说教，而我应该讲的是船。

被冰川覆盖的欧洲

在我的母语中有一句谚语，警告未来的航海家们别在离开港口之前就把船弄沉了。这是很好的建议——不仅对那些航海的兄弟，对我们中那些从事其他行业如写作或绘画的人，也同样如此。

因此，让我们就此告别形而上学，告别安全但泥泞的思索之港湾。我们拉起船帆，我们谦卑地祈祷上天赋予自己一路顺风的灵感，然后我们就起航吧。

04 澳大利亚原住民很早就会使用船只了

有人声称，历史就像慈善一样，应该从家里开始。

对慈善（如今有那么多）来说或许的确如此，但在历史领域，恐怕这种做法会带来片面的观点，不利于平等交换意见的精神，没有这种精神，这个世界会一直跟混乱的狗窝差不多。

因此，我不会像大多数探讨这个主题的作者习惯的那样，从不可或缺的埃及人和巴比伦人（紧接其后的是不可或缺的希腊人和罗马人）开始，而是要将你们带到世界上一个截然不同的地区，我想，我们必须在那里寻找最原始的船只。

首先，欧洲很晚才有人定居，因为当亚洲和非洲拥有温和的气候时，欧洲仍然覆盖着冰川。一旦这些冰川完全撤退到高山之巅和北极地区后，广袤的欧洲平原几乎没给人类进步设置什么障碍，除了少数河流（与世界上其他地区的河流相比，它们都不算很宽），那些入侵的部落能够步行到达每个地方。人类只是万不得已才来到水上。

至于埃及和美索不达米亚，它们无疑很早就成为文明的中心，但它们的居民主要是农夫。他们把河流用于灌溉，而埃及人喜爱金字塔和庞大的仪式性建筑，有时会利用河流作为交通要道，帮助他们从南方的山区把那些特别笨重的石头运来。

但为了达到这个目的，他们需要的是筏子而非船只。而现

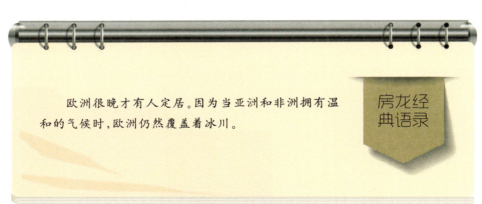

　　欧洲很晚才有人定居。因为当亚洲和非洲拥有温和的气候时,欧洲仍然覆盖着冰川。

房龙经典语录

在我们正试图解决的问题是：最早的船只是什么模样？那些依赖船只从一个地点越过大片水域前往另一个地点的人们如何操纵船只？

我想我知道这些最早的船是什么样子，因为在它们于史前时代早期被发明出来的同一个地方，我已经亲眼看到人们实际使用的这种船。我从早期澳大利亚探险者的故事中知道，当白人给那片广阔的大陆命名时，澳大利亚原住民就已经在使用船只了，那是用树干做的。他们会用手指或粗糙的石刀剥下某棵大树的树皮，再用松软的木板将中空的树皮两端堵住，然后就坐在里面悠闲地划船穿过那些被淹没的土地——他们以此作为蓄水池，养殖蛤蜊和其他许多动作缓慢的海中居民。

他们用树枝划船，如果没有树枝，他们就用手作船桨。我在新几内亚（就在澳大利亚北边）沿岸看到人们仍在使用这种船，并惊讶地发现这种笨拙的独木舟能够以很快的速度在水面上移动，即使有很大的洋流、船摇晃得很厉害也没事，让人好奇它到底为什么不会灌满水沉没。它平安无事，因为它很轻，可以轻松自如地穿过每个浪头。

但在那些遥远的地方，这并非唯一幸存至今的船只。那里还有其他船，它们也同样有趣，因为它们肯定是最早的船只（不同于筏子、外面覆盖着陶土的篮子以及可供几个人乘坐越过河流的碗形轻便小艇）的后裔，在人类谨慎的控制下，可让他们相当成功地到达自己想去的地方。

05 太平洋上有很多航行方式

　　现在，如果你愿意看看南亚和西太平洋地图，就会发现那部分地区在历史上很早就已经被水淹没，结果那片古老的陆地只有部分较高的地方露出海面。跟太平洋其他地区不同，这些比较高的地方并非少数孤立的山头。它们曾经是大片广阔的陆地，就像婆罗洲、苏门答腊岛、新几内亚岛、西里伯斯岛、爪哇岛和澳大利亚一样，它们的面积都很大——我们常常不知道该把这种地方列入岛屿还是大陆。

一般新几内亚帆船

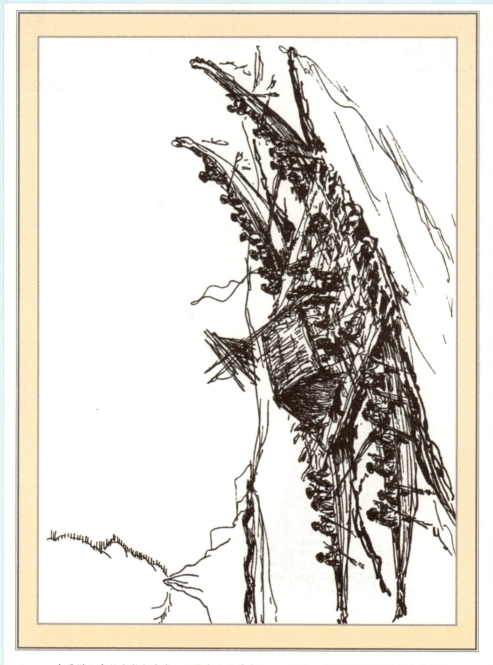

太平洋上有很多航行方式，双体船也是其中之一，但是，这种船很快就会面临着消亡。

当然，当洪水将这些地方与亚洲其余地区分隔开来时，它们上面很可能已经有人定居，但这种可能性不大。因此，它们的居民似乎来自海外，既然没人能够游泳穿过两三百英里（有时长达3000英里）的水域，他们肯定是利用船只到达的。

一个古怪的小发明能让他们做到这一点。那是一块狭长的木头，通常只是树的一部分，他们把它绑在船的外面，在距离船五六英尺远的地方，与船只平行。凭借这个简单的装置，他们将本来很容易翻船的独木舟变成了几乎不会沉没的"桨叉架船"，在老练的船长手中，就敢挑战那些能够颠覆其他任何轻型船只的大海。

我特别加上"在老练的船长手中"，因为桨叉架船操作起来并非像很多人认为的那样简单易行。如果你不知道如何驾驭这样的"pirogue"（独木舟以前在西印度群岛的名称），差不多会立即翻船。不过，一旦你学会怎样控制这艘脆弱的小船，就会像皮艇里的爱斯基摩人一样安全。因为那块与船体平行的浮木——那块平行的老木头——充当了平衡体，

追随鸟儿飞行方向而发现的新陆地。

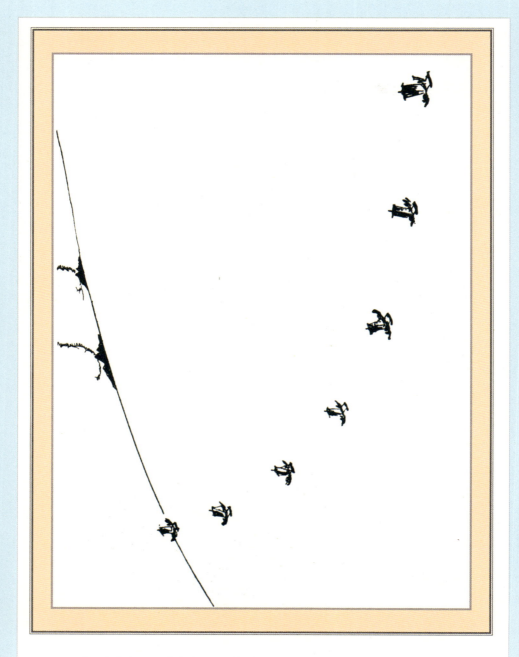

以前，波利尼西亚人航海时，往往将他们的独木舟排成长长的一排，以便增加看到陆地的机会。

即便在波浪滔天的海上也能让你避免翻船。如果你想获得百分之百的舒适，还可在船的另一边装上第二根舷外支架。但太平洋和马来半岛的原住民很少使用第二根支架。只需一根他们似乎就能安全无虞，凭借他们的舷外支架装置，他们能够大胆闯入狂暴的大海——而普通的桨船会在那里一下子翻掉，就像一片空空的干果壳被扔进尼亚加拉瀑布的漩涡一样。

然而，不管从航海的角度看独木舟有多么安全，凭借这样简单的小船，还是无法跨越爪哇海、班达海和珊瑚海上各岛屿之间的距离，也无法跨越广阔的太平洋。夏威夷群岛距离西边和南边最近的邻居超过2000英里。新西兰距离库克群岛也有好几千英里，乘坐汽船从塔希提前往新赫布里底群岛差不多需要两周。但事实上，早在哥伦布梦想穿越大海之前很久，来自太平洋东

凭借装有舷外支架的独木舟，波利尼西亚人扩散到整个太平洋地区。

部的人们就已经发现并占领了西部的岛屿。

如果我们只考察少数孤立的个案——例如，如果我们只研究夏威夷群岛的问题，有人在岛上定居之后，它们就与世界上其他地方失去了进一步联系——我们或许会得出结论，认为少数船只被洋流或飓风席卷着离开了自己本来的航线，最终到达这些不为人知的海岸，然后船上的人就被困在那里了。

但新西兰和夏威夷群岛是例外，它们的与世隔绝有着特殊的原因。在其他岛屿之间，一旦出现了贸易、商业、抢劫和海盗，就不会中断，这显然证明，它们的居民肯定发明了一种独特的运输工具，能够经受名不副实的"太平洋"上的恶劣天气。

事实上，这种船只一直存在，不久前才消失。如今，波利尼西亚人的文明已经完全被破坏，原住民变得冷漠而懒惰，不再关心鱼或航海。白人毁掉了他们。好吧，现在就让白人给他们吃的穿的吧。如果用非常便宜的价格就可在村里的商店买到阿拉斯加鲑鱼罐头，谁还会为捕鱼而操心呢？因此，桨叉架船——尤其是大型的双体独木舟——将很快走向消亡，除非某个仍对过去怀着些许敬意的博物馆将它们保存起来。

但在世界各地其余更偏僻的群岛中，对船仍然应该做第一手的研究，在我看来，它们都是从第一批名副其实的船只中幸存下来的。有人或许会反对说，筏子早于各种独木舟和桨叉架船出现。这无疑是对的，但筏子虽然能够浮在水上，却不是真正意义上的船。因为，根据词典的定义，船是"一种适于航海的容器"，一只筏子就像可怜的老"梅尔麦克号"一样笨拙，后者需要半个小时才能在航行中掉头。

驾着筏子很容易在莱茵河或罗讷河这样水流平缓的河上顺流而下，但在大海上，筏子就像一头死掉的鲸一样无法航行。

　　如今，波利尼西亚人的文明已经完全被破坏，原住民变得冷漠而懒惰，不再关心鱼或航海。白人毁掉了他们。

新西兰毛利人的战船

　　另一方面，独木舟以及装有舷外支架的独木舟只需借助几支船桨就可轻松驾驭，此外，独木舟上还可架船帆。我并不是说你可以给独木舟装上三桅帆或双桅帆的复杂帆缆。但是，将几块干兽皮或一幅正方形的布甚或是一张薄薄的席子贴到十字形的杆子上，再把它升到多多少少牢靠地固定在船底上的垂直杆子顶上，就能捕捉足够的风力，让船朝着风吹的方向移动。这或许意味着非常缓慢的进步，但仍然是有意识地让船朝着确定的方向移动，而筏子只有在非常特殊的环境下才能做到这一点。

　　关于在太平洋上航行的方式，我还可以增加大量内容，不过我把这些留到后面再说。而且，正如我说过的那样，桨叉架船和双体独木舟都在迅速从地球表面消失。波利尼西亚的文化在与捕鲸者、采珠人以及传教士接触后突然瓦解，我们对这种文化最初发展的了解几乎比任何其他文化都要少。不过，平心而论，我应该重复自己在本章开头时写下的那段话：在亚洲东南海岸以及马来和波利尼西亚群岛而非尼罗河或地中海沿岸寻找舰船雏形的理论，只是我的个人看法。

06 东亚的航海史已经很长了

　　即便我是错的（但在这里我认为自己完全有理由相信自己是对的），即便我们并不是非在东南亚人中间寻找造船业和航海的开端不可，我们也会越来越清楚地意识到，中国人早在我们的祖先之前很久就已知道怎样在海上航行了。中国舢板也许在你眼中不大像轮船，它看似摇摇欲坠，头重脚轻，用席子而非长方形的布做船帆，但中国人却能用这种船作环球航行，而且相当安全、舒适。马可·波罗非常了解这

　　7个世纪之前，马可·波罗就是乘坐这种中国船踏上返回故乡的航程。

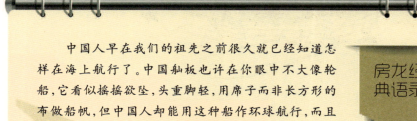

　　中国人早在我们的祖先之前很久就已经知道怎样在海上航行了。中国舢板也许在你眼中不大像轮船，它看似摇摇欲坠，头重脚轻，用席子而非长方形的布做船帆，但中国人却能用这种船作环球航行，而且相当安全、舒适。

房龙经典语录

种船，不过，当他在中国长期逗留之后，他告诉自己同时代的人，中国的舢板比13世纪的威尼斯船只更适合在海上航行。这时，可怜的马可·波罗却因为自己的"荒诞故事"招来人们的嘲笑。他补充说，舢板的通风条件比欧洲船更好，而且更容易保持清洁；最后还告诉他们，"船舱从头到尾都不漏水，实际上这种船不会沉没"。这时，人们就把他当作了彻头彻尾的说谎者，并且在公众的想象中一直保持这种印象，直到现代航海证明他的说法全都是正确的。

不过，就像与那个遥远国度有关的所有其他事物一样，中国船也服从于那种没有生气的神秘规律，这是中国文化的典型特征。如果你将一艘1934年的舢板的照片放在比如说林苏荷顿在1596年画的舢板图画旁边，你会发现它们两个看起来几乎完全相同。由于舢板一直都是脆弱的船只，用非常容易朽烂的材料做成，是那些总在海边、河岸上搜索的民众唾手可得的燃料，我们几乎不可能碰到1000年前的中国舢板，正如我们同样不可能碰到同一时期斯堪的纳维亚船只的全部样本一样。

不过，东亚和南亚的人们抵达偏远岛屿的时间，远比欧洲人越过大海开

18世纪的中国舢板

25

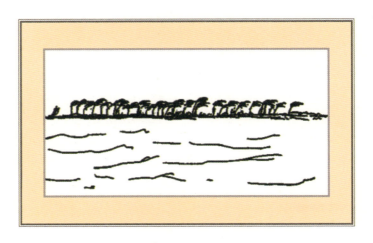

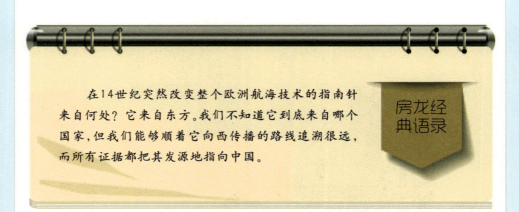

在14世纪突然改变整个欧洲航海技术的指南针来自何处？它来自东方。我们不知道它到底来自哪个国家，但我们能够顺着它向西传播的路线追溯很远，而所有证据都把其发源地指向中国。

房龙经典语录

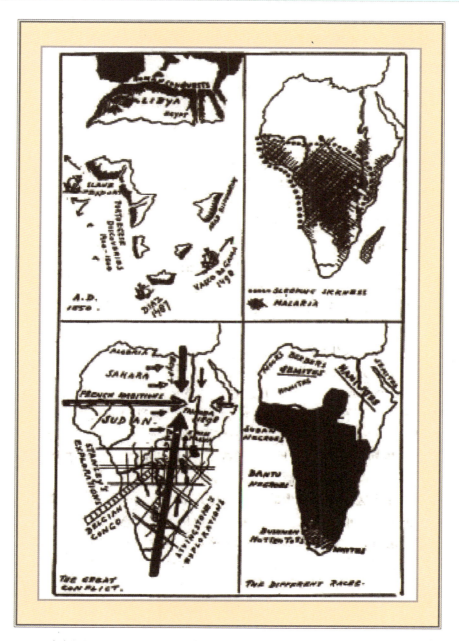

　　在我们仅仅出于公平考虑而向东方人致以卑微的敬意之后，在我们承认他们作为海上贸易者和水手的先驱者地位之后，我们将告别这个地区，回到另一个古老的大陆，它曾经教给欧洲人和美洲人那么多知识。那片大陆的名字叫非洲。

始扩张的时间更早，对我而言，这已经足够充分地证明造船业绝对是起源于东方的工艺。航海也同样如此。在14世纪突然改变整个欧洲航海技术的指南针来自何处？它来自东方。我们不知道它到底来自哪个国家，但我们能够顺着它向西传播的路线追溯很远，而所有证据都把其发源地指向中国。

因此，在我们仅仅出于公平考虑而向东方人致以卑微的敬意之后，在我们承认他们作为海上贸易者和水手的先驱者地位之后，我们将告别这个地区，回到另一个古老的大陆，它曾经教给欧洲人和美洲人那么多知识。

那片大陆的名字叫非洲。

07 尼罗河与地中海东部的早期船只

埃及是尼罗河两岸那片狭长土地的名称。湍急的尼罗河从南向北流淌，在最后几百英里的河道上，它成为数百万人的生命之源，他们凭借一套巧妙而复杂的灌溉系统，让沙漠变得生机勃勃。

尼罗河两岸

　　为什么埃及人早在其他民族想到大规模灌溉的可能性之前就能够做到这一点？我们不得而知。为什么居住在古埃及的黑人和白人的复杂混血人种比其他相同肤色的混血人种更聪明——这一点同样没人能够说得清。我们很容易解释，他们之所以优于欧洲、非洲、美洲和大洋洲的其他同时代人（但并不优于在亚洲的同时代人），是因为他们生活在有利于早期文明轻松发展的地理和气候条件下。但完全抛开有利于埃及人发挥其聪明才智的地理和气候条件，反过来推论也同样可能。

　　为了得出这个结论，我们只需研究生活环境跟埃及人完全相同的其他民族即可，他们不管拥有怎样的自然优势，都从未做过任何改善其命运的事情，基本上一直保持从前的状态。这个问题令人迷惑，可直接追溯到各种跟"自由意志"和宿命论有关的复杂问题的根子上，也就是那些导致各个国家参加战争、让父母与儿女彼此憎恶的问题。我们最好别在这里试图解决这个问题，因为我怀疑我们是否会得出真正满意的答案。我们在讨论船只，尤其是古埃及的船只。

埃及送葬船

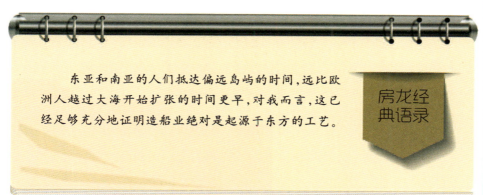

东亚和南亚的人们抵达偏远岛屿的时间,远比欧洲人越过大海开始扩张的时间更早,对我而言,这已经足够充分地证明造船业绝对是起源于东方的工艺。

房龙经典语录

不过，在这里，我们不用完全依赖环境方面的证据。我们拥有某些具体的事物引导我们做进一步的讨论。那就是绘画，它们非常详细地展示了那些船只的模样，这些船始于6000年前法老的事务。

可是，在我们的世界上，有时艺术家的技艺会过于精湛。早期埃及国王们的雕塑家和图文作家在描绘早期尼罗河船只时，如果少几分艺术性多几分准确性就好了，那样我们今天对它们的了解就会大大加深。

这些描绘船只的图画有的可追溯到6000年前，因为我们可在基督诞生前4000年制作的陶器上找到它们。由于它们看起来跟公元前30世纪和20世纪的花瓶和浮雕上的船只一模一样，因此我们知道埃及人差不多就像中国人一样传统，其造船技术进步非常缓慢。我们不用感到惊讶，因为，正如查尔斯·达尔文在其环球航海（在那4年中，他差不多一直都在晕船，但那次航海却带给我们《"小猎犬号"航海记》，以及20年后的《物种起源》）结束后所说的那样，除非"出于需求被迫出海"，否则人是不会走向大海的，而埃及人主要是农夫，他们没有这样的需求。

他们需要少量船只，将用于建造神庙和金字塔的巨大石头运到下游去。他们本来可以很方便地用木筏以及特意为此制造的沉重、笨拙的船只来运输。但是，由于他们生活在木材非常稀缺的国家，因此不得不用很小的木头造船。这些木头被斜着钉到一起，然后用木头肋条将它们互相钉牢，而肋条则用一段段细绳和一片片兽皮固定。这些船的船体是平的，船头和船尾都又长又平，远远伸出船体之外。埃及人是故意那么造的，它会让人更轻松地装载和卸载那些巨大的花岗岩和玄武岩。有这样的船头和船尾，埃及人就不需要把船顺着河堤按纵向固定，而是可以让它们"倒车"，就像现代的卡车或货船一样，然后就可更省劲地把任何东西吊到船上。

那些船多么小啊，我们从一段碑文的残存部分就可看出来，那上面讲述

他们需要少量船只，将用于建造神庙和金字塔的巨大石头运到下游去。他们本来可以很方便地用木筏以及特意为此制造的沉重、笨拙的船只来运输。但是，由于他们生活在木材非常稀缺的国家，因此不得不用很小的木头造船。

了埃及人不得不运输两块巨型方尖石碑时发生的事情，每块都差不多有100英尺长。为了运它们，国王不得不"收集所有土地上的树木，建造一艘很大的船来装载两块方尖石碑"。把"所有土地上的"树木收集好之后，法老并没有建造一艘船，而只是造了个木筏或某种顶多相当于现代驳船的东西，就像非洲西海岸沿岸仍在使用的那种筏子一样。然后他就用30艘大型划艇把这条驳船往下游拖去。

埃及人怎样将这两个庞然大物装到他们的驳船上，然后又怎样将它们卸到陆地上的，我们不得而知。不过，如果谁还记得在伦敦竖起"克里奥佩特拉之针"、在巴黎协和广场竖起那根方尖石碑有多么困难，更别提将它们运过地中海的难度了，那么我们就会得出结论：这些矮小的棕色人种拥有高度发达的文明，当我们的祖先仍然要再过3000年才能修建一座烟囱，或者一个比普通树木的长度略宽的屋顶时，埃及人实际上已经能够解决建筑学中几乎所有问题了。

但这一切已经有人说过，它无助于解释我们称为"进步"的神秘现象。今天的埃及非常像约瑟夫时代的埃及。现在，当载重三万吨的战舰驶过苏伊士运河时，埃及人开凿的那条从地中海通往红海的运河——他们以此作为连接大西洋和印度洋的捷径——却从未见过载重超过50吨或60吨的船只。

然而，这些小船中有一部分做过非常令人难忘的航行，它们的适航性似乎足以让它们到达远至索马里兰的地方。那支前往东非的远征队注定非常重要，因为派遣它出去是为了获取没药。当时没药是香料和祭献诸神的熏香，还被皇室用作尸体防腐剂，需求量很大。正因为如此，派遣远征队航行至庞特这片神秘之地的王后阿谢普苏特，才为她那些勇敢的小水手们修建了一座纪念碑，而有关这次奇异探险的详细信息才得以流传到我们这个时代。因为根据这次探险绘制的图画仍然可在底比斯附近一座神庙的墙壁上看到，它们详细地向我们展示了埃及帝国末期的船只的模样。

　　现在，当载重3万吨的战舰驶过苏伊士运河时，埃及人开凿的那条从地中海通往红海的运河——他们以此作为连接大西洋和印度洋的捷径——却从未见过载重超过50吨或60吨的船只。

　　那种船只有一根桅杆。这种桅杆是一项古怪的发明，现在除了在亚洲某些最偏远的地区之外，在其他地方非常罕见。它看起来就像个颠倒的字母"V"，由两根细细的船柱构成，顶端合在一起，像两条分开很远的腿一样竖立在甲板上，靠一个复杂的绳索系统固定。在这个颠倒的"V"字形桅杆顶部，埃及人挂着船帆。这是一张单幅的船帆，而且不是我们期望在地中海附近找到的那种三角形帆。这些船也不再靠短桨移动，而是配备了由职业划

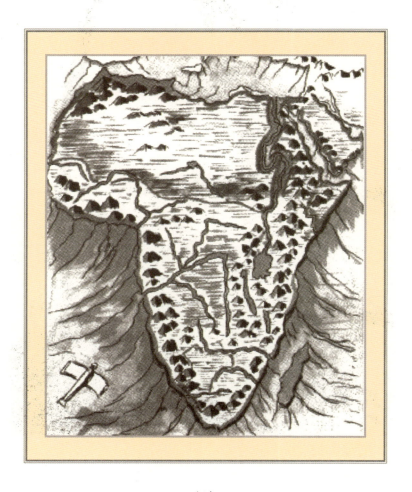

非洲

手操作的长橹。他们站着划船，而不是像我们在所有描绘古希腊、腓尼基和罗马船只的图画上看到的那样坐着划船。这显然表明这些船最初也是用于河流贸易的，因为在有洋流的地方，谁也无法站着摇橹。

船通过几个固定在侧面的舵来操纵，当夜晚来临，水手们到岸上的安全地点过夜时，可以很轻松地把船舵取下来。

这些船的吃水不会很深，因为就战舰而言，所有战斗都在上甲板展开，所有商品也都储存在那里，因此这些固定的小船就带有几分从事贸易的小型纵帆船的气氛。后者来往于一些太平洋岛屿之间，似乎总是头重脚轻地堆满了椰子、一桶桶啤酒以及生猪，还有形形色色的乘客，很不舒服地坐在堆成山的摇摇晃晃的货物上，艰难地保持身体平衡。

底比斯神庙的图画中有一点非常有趣，那就是在缆索之间追逐的狒狒。它们栩栩如生地将那个场面带到我们面前。这些精美的船航行了很远，因此，当水手们回国后，肯定会向人展示他们的确到过一些奇怪的地方。成包的没药或许能让令人生畏的王后确信他们真诚地为她献身，但大众却需要其

腓尼基人航行经过好望角。

3000年后，早在白人开始经营更有用的椰子之前，珍珠就以同样的方式吸引白人来到太平洋上最偏僻的角落。

他的证据。因此水手们在庞特购买了几只狒狒，就像现代水手喜欢从索马里兰带一只温顺的猴子回来一样。古埃及的水手也会买些孔雀和猎狗。所有这些都表明，3500年前的埃及人跟今天的人不无相似之处。这个事实让人感到安慰，至少在情感上我们与古人别无二致。

此外还有另一个奇怪的细节。那些图画以及放置在国王和贵族们坟墓里的小型玩具船都清楚地表明，船舱总是位于船的右侧。早在欧洲人拥有比独木舟稍大的船只之前几千年，右舷（或"操纵舷"）就位于船的右侧了。这让我们怀疑尼罗河谷的居民大部分是具有闪族血统的混血种族，因为闪族人总是怀着一种奇怪的看法，认为一切与身体右侧相关的东西都优于左侧，正如右手优于左手一样，因此现在绘画中天堂里的圣人总是坐在天父的右侧，因此"右"逐渐意味着一切高贵、可敬、崇高的东西，而"左"则逐渐等同于我们不喜欢的所有事物，如英文中的"left-handed compliments"（言不由衷的称赞）。西方人拥有同样的观念：如果追根究底，"邪恶"不过就是"left-handed"（左手的，不诚恳的）的意思。

我们的文明一旦跟此类无关紧要的细节联系起来，几乎就不可能摆脱它。老式的帆船把船舱设在船尾，因此，在发明螺旋桨半个世纪之后，汽船仍继续把船舱设在船尾，"因为一直都是这样的"。

特拉法加海战刚结束，英国舰队就命令水手在脖子上松松地系一条黑色领带，作为哀悼纳尔逊的标志。因此，所有不同的海军水手如今都继续系着同样松松的黑色领带，没有任何世俗作用，也毫无意义，因为纳尔逊在1805年就死了。

关于埃及人的船只我就讲这么多了，他们把地平线（在海上或平坦的沙漠中，那条明显构成水面或地面与天空界线的弧线）这个非常有用的概念留给航海，但他们主要是农夫，因此通常待在家里，不用被迫在外海上谋生。

事实上，我们听说，在非洲东海岸沿线，甚至往南远至好望角，都发现了打着埃及旗号（用我们现在的话说）的航海活动。但是，尽管这些船只挂着埃及皇室的旗帜，它们只是"租赁船只"而已，是属于腓尼基商人的，他们临时出租了这些船。因为，经过如此漫长的岁月，保存至今的相关信息非常稀罕，就我们对那些信息的解读而言，船只作为运输人员与货物穿过大片水域的交通工具，是在地中海东海岸取得了第一个真正主要的发展，要么是在克里特岛上，要么是在紧靠现代的贝鲁特城南边的一小片土地上，也就是在由法国托管的叙利亚领土上。那片土地上的居民，属于被含含糊糊地称为闪族人的那个民族的迦拿分支。

需求是一个苛刻又古怪的监工。因为，正是需求，纯粹而简单的需求，将一小群流亡的巴比伦农夫变成了第一批伟大的航海民众。

08 腓尼基人的造船历程

　　我们对腓尼基人知之甚少。我们找到了他们的少量碑铭，但尽管他们是恪尽职守的图书管理员，却不著书立说（这话真不是双关语）。他们并非自称腓尼基人，而是自称西顿人，得名于他们的两座最重要的城市之一：西顿城，就在推罗的北边。当古希腊人一开始与这些被太阳晒黑的水手接触时，便称他们为"phonoi"，意思是血红色的人，也许是因为推罗紫染料的缘故。

　　腓尼基方言的少数残余流传至今，你可在公元前3世纪的罗马戏剧家普劳图斯的一出戏中发现，他让自己的几个角色说一种粗俗的腓尼基方言，就像在一部现代著名戏剧如《埃比的爱尔兰玫瑰》中，会碰到到处穿插的少数莫名其妙的话一样，目

一块在西顿发现的石雕描绘了腓尼基人的船。

　　在地中海各民族中，腓尼基人首先建造出真正具有适航性的船只。所有的憎恶都丝毫不影响他们在这方面的资格。

的是牺牲社会中部分从来都不是很受欢迎的人，如五短身材的掮客，来自远方的小贩，来博取观众的大笑声。

但腓尼基人确实是那样的。他们是古代的水上手推车小贩，勤劳、狡猾、精明、机灵，但对公平或公平贸易的美德没有丝毫概念。他们发明了字母（这种最精巧的工具让我们能够将今天的思想和知识保存下来，留给未来的人，就像我们为冬天保存无花果、草莓和西红柿一样），有时人们会以这个事实证明腓尼基人对更高的生活追求有兴趣。如果这么说，那我们干脆声称速写或打字机的发明者是受到文学爱好的激发好了。爱好文学跟这两种发明都毫无关系，它们只是促进商业事务的实用捷径。腓尼基人就像他们最重要的殖民地居民迦太基人一样，是彻头彻尾的商人。因为他们擅长那个不受欢迎的商业分支，也就是我们现代人所说的"掮客业务"，所以他们接触到的每个人都对他们产生最强烈的厌恶。

▲ 奴隶贸易

4000年前的亚述篮船

　　许多个世纪以来，腓尼基人似乎都垄断了地中海东部的奴隶贸易，这个事实丝毫没让他们更受欢迎。从一开始，奴隶制就存在于世界各地（并且改头换面继续存在）。在机器取代人力之前，奴隶劳动是这个世界完成工作所绝对必需的。那时候，备受尊敬的公民是坚定不移的奴隶主，正如今天备受尊敬的公民参与了各种各样的剥削，让我们的子孙后代怀着惊骇去研究它们，正如我们现在怀着同样的惊骇阅读《汤姆叔叔的小屋》。然而，即便是美国南方各州最坚定不移的种植园主，通常也会在就餐时与职业的奴隶贩子划清界限。他们或许会购买奴隶贩子的商品，但他们会认为贩子不属于文明社会，不会平等地对待他们。每当古代的希腊人、罗马人、克里特人与腓尼基人、迦太基人接触时，他们似乎也有同样的感觉，因为他们无一例外全都对腓尼基人和迦太基人怀着最强烈的憎恶。

　　然而，在地中海各民族中，腓尼基人首先建造出真正具有适航性的船只。所有的憎恶都丝毫不影响他们在这方面的资格。

　　首先，他们逐渐发展出一种新型船只，专门用作战船。埃及人的船只的

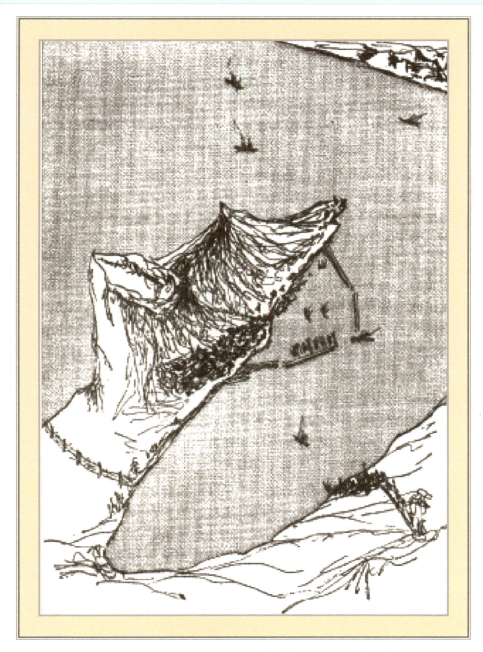

　　我们有可靠的证据证明，在其他任何人冒险到达"赫拉克勒斯之柱"之前，腓尼基人早就从这里穿过了。

宽度跟长度差不多，而巴比伦人的独木舟是圆筒形的——不过是覆盖着灰泥的圆形篮子而已。它们可以被用于战斗，但主要是商船。而腓尼基人完全远离了旧模式。他们造出狭长的船只，因此，比起邻居们在宽广的河流沿岸慢慢划动的圆筒状玩意儿来，其速度要快得多。

我没有具体的证据支持这个大胆的断言。我们有大量古代埃及、希腊、罗马和克里特船只的图画，但除了少数硬币以及两三个叙利亚雕塑外，几乎没有表现腓尼基或迦太基商船细节的图画。不过，间接证据却对他们有利。如果我们问问自己，谁是古代最伟大的长途航海水手，答案肯定是：腓尼基人。

他们在地中海沿岸各地建立殖民地：西班牙的加的斯、法国的马赛、撒丁岛和科西嘉岛的大部分城市以及非洲北岸的迦太基，在被希腊和罗马占领前，早就是腓尼基人的定居点。我们有可靠的证据证明，在其他任何人冒险到达"赫拉克勒斯之柱"（今直布罗陀海峡）之前，他们早就从这里穿过了。我们还有几乎同样可靠的证据证明，他们到过西西里岛，并用来自地中海的商品换取来自康沃尔的锡。他们似乎从未获准踏上英国领土，这个令人迷惑的事实或许归因于他们的坏名声。早期不列颠人宁愿与他们在中立（很可能无人居住）的地区交易。如若不然，这些来自远方的商业朋友说不定会拐走不列颠人的妻女，然后卖给非洲、西班牙和叙利亚的奴隶贩子，以此达成买卖。

可是，腓尼基人到过的地方甚至远远超过北海上未知岛屿那雾蒙蒙的世界。他们似乎还曾深入波罗的海。在古时候，对所有大胆的商人来说，波罗的海都是真正的财宝库。与通常接受的看法相反，其实人类愿意为奢侈品支付远远高于生活必需品的价钱。波罗的海出产一种树脂，罗马的贵妇们把它用于个人装饰，有时也用作医药。当红头发变得时髦时，每个罗马的家庭主妇都必须把头发染成红色，于是，那条从欧洲北部通往南部的最古老的贸易

1840年澳大利亚移民坐着篮船过河。

路线上，便出现了一个个背着一袋袋琥珀的小贩。

3000年后，早在白人开始经营更有用的椰子之前，珍珠就以同样的方式吸引白人来到太平洋上最偏僻的角落。即便是今天，如果捕鲸人发现一大块龙涎香（一头生病的鲸肠子里的病态分泌物，主要用于生产香料）静静地浮在海浪上，他赚的钱也会远远多于一个经过殊死搏斗将一打普通、健康的鲸带回家的对手。

但腓尼基人并未止步于波罗的海。据希罗多德所述，埃及国王尼科雇用的腓尼基舰队曾做过环绕非洲的航行，这就使得腓尼基船长们比达·迦马早2000年看到桌湾——达·迦马把它称为好望角。这个故事是不是真的还说不定，但我们非常肯定地知道，迦太基人——他们不过是腓尼基殖民地上的居民——曾探索远至布兰科海岬的非洲海岸，它位于直布罗陀以南1500英里处；他们甚至还在那个地区建立了几个贸易站，而且在葡萄牙人出现于佛得角群岛上之前1700年，就发现了这个地方。

除非腓尼基人拥有非常高级的船只，否则他们无法在古希腊人开始活跃

　　在古时候，对所有大胆的商人来说，波罗的海都是真正的财宝库。与通常接受的看法相反，其实人类愿意为奢侈品支付远远高于生活必需品的价钱。

48

之前那么久便做到这些事情。那种船肯定是使用船帆而非桨橹的，因为船只仅靠人力无法航行那么远的距离。

　　然而，正如我说过的那样，我们几乎没有直接的证据显示腓尼基人在那些航行中使用了什么索具。起初他们似乎满足于我们从埃及绘画中熟知的那种怪异的倒"V"形桅杆。由于他们总是顺风航行——通过抢风行驶的方式逆风航行的想法是很久以后由北欧人发明的——因此，这种桅杆虽然不如用单根木头做的桅杆可靠，却足以满足他们的需要。有时他们使用两块而非一块船帆，分别从横桁左右两面升起。但很久以后的图画，按最初的腓尼基模式建造的古罗马晚期战舰的图画，似乎表明他们放弃了两根桅杆，而使用了

腓尼基人

船员们用的器皿

单根桅杆。他们仍然使用正方形船帆，但有时会在船的前端竖起一根小桅杆和船帆，好让船更稳定，因此也更易于驾驶。

他们似乎也熟悉锚的使用，如此一来，船长就不再需要在天黑后把船开到岸边，而可以在海上任何地点保持固定，只要天气好，风平浪静，海水不太深，可以让锚碰到海底。

用钢、铁或铜做的锚尚不为他们所知，他们用沉重的石头或者用动物皮革袋子装满石头做锚。

关于船上的生活，我们非常渴望了解其中一部分的更多细节——这些早期的航海家们是怎样为如此漫长的航行运载足够的食物和淡水的？只要他们处在地中海内，凭借其便利的港口，就可随时根据需要上岸准备食物和寻找淡水。然而，一旦出了直布罗陀海峡，顺着非洲西海岸航行，这个问题

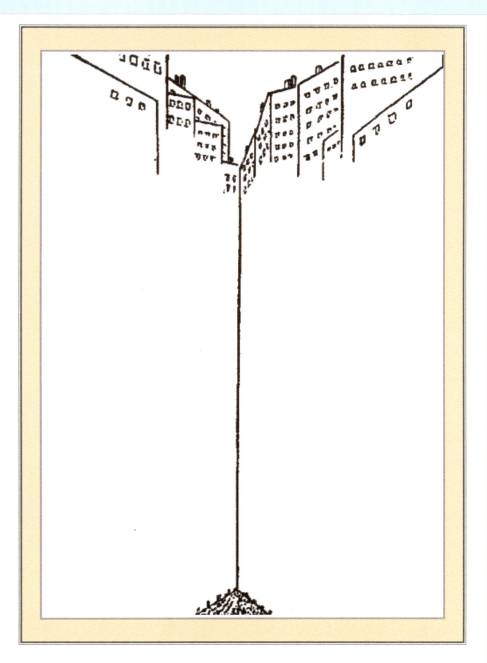

　　船员们结束旅行后，还要分配战利品，在故乡港口的酒馆过数周奢侈的生活，享受热烈的爱情，还可豪赌一番。

肯定变得更困难了——即便到现在，这里的所有商品也必须通过驳船运上岸去（因为没有港口）。但是我们必须记住，腓尼基人就像闪族各民族以及现代的阿拉伯人和柏柏尔人一样，在日常需要上非常节制，一把枣椰或葡萄干就足以让普通的水手支撑24小时。而来自地中海东部的陶器则为他们提供了装淡水的容器，直到恺撒时期种植葡萄的高卢居民造出大木桶，在那之后近2000年里，木桶成为我们的航海祖先们装运葡萄酒、啤酒、白兰地和淡水的唯一方式。

不用说，腓尼基人的航海之旅漫长而单调。但亚洲人的脑子不像欧洲人那样活跃。在一艘运送朝圣者前往麦加的现代船只上，你很快就会注意到，时间对这些乘客无足轻重。他们能够一连几小时静静地坐着，绝对什么都不做，就那么坐着。同一艘船上那些感情丰富的乘客在第一次前往东方时，会对东方人深沉的思索能力议论纷纷。而那些熟悉实际情况的人知道，东方人能够整周整周地保持这种近乎完全假死的状态，因为他要么是吸够了鸦片，要么对什么都漠不关心，所以无法产生任何情感。

因此，这些航海旅程虽然往往持续数年，其单调乏味的生活对早期的水手却远不如我们现在这么难以承受。此外，旅途中总是有无穷无尽碰运气的游戏，就像老鼠一样，都是来自东方的船上生活的一部分。结束旅行后，还要分配战利品，在故乡港口的酒馆过数周奢侈的生活，享受热烈的爱情，还可豪赌一番。然后，腓尼基水手们又会回到某艘船甲板上，继续在一块坚硬的木板床上生活，那艘船也许将前往他施或贝鲁特，去弄一些来自黎巴嫩群山中的雪松木，这是他们的邻居所罗门王在腓尼基腹地的一座小城修建圣殿所需的货物，必须用一系列巨大的筏子一路拖到雅法。

或者，他们也可能前往北方笼罩着雾气的大海，那里居住着野性难驯的野蛮人，但他们拥有当时最珍贵的金属锡。

　　跟我们自己如此珍视的人类生活相比，腓尼基水手的生活简直不是人过的日子。然而，对于从那个时候一直到现在的所有水手而言，这就是普通的生活模式。即便是现在，如果一名公元前6世纪的腓尼基水手来到一艘不定期航行的现代货轮上，也不会觉得手足无措。他会获得按时供应的热餐，也不会被卖作奴隶。但船上的食物跟他那时候一样糟糕，海上的状况也跟当初差不多，他或许还跟当初为希兰王（这位腓尼基国王用那个从未得到解决的黄金国俄斐的问题，搞得我们坐卧不安）当水手一样，每天被迫艰苦地工作，而所得的收入只能勉强维持生存。

09 希腊人对以往的船只进行了改进

在开始讨论希腊人及其船只之前，我应该至少出于敬意提一下克里特人。因为，早在希腊人来到后来成为其永久家园的那个多石的小半岛定居之前很久，克里特人就已经是文明化的人类了。当我们的祖先仍然生活在洞穴里，并且把身体涂抹成明黄色和深蓝色时，他们就已经熟悉用蒸汽取暖的房间和水泵了。然而，他们的首都克诺索斯突然被一支强大的敌人摧毁，当时克里特海军自己出去劫掠冒险，因此未能保卫故乡。在那次灾难之后，克里特人变得完全依赖于邻居希腊人了，他们的船也变得跟希腊人的一模一样，以至于我们很难辨别二者，很难说清"这是希腊式船只，这是克里特式"。

根据这种瓶罐上的图画，我们能够重建古希腊的船只。

　　一艘渡轮如果装上普通的3英寸野战炮，那么伊利湖上的佩里和巴克雷舰队联合起来都不是它的对手。

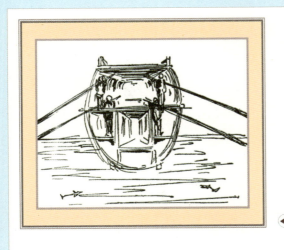

一般配有两排桨手的古代大划艇剖面图

这样倒非常适合我，因为我开始怀疑，以前将造船工艺分成埃及阶段、腓尼基阶段、希腊阶段、罗马阶段、中世纪阶段、16世纪时期、17世纪时期等的老套做法都只是真正彻头彻尾的矫揉造作，不过是另一种专业杜撰罢了，目的是让问题变得更复杂一点。因为在过去5000年中，造船业历史上只有3次真正重要的变革，所有这3次都是那些对人类生活的方方面面造成深远影响的社会、经济和科学剧变的直接产物。

只有等某种能够浮在水上若干天或若干星期的玩意儿被发明出来之后，我们才能够开始讨论船只。但那些用木头钉子、一截截绳索和一块块铁皮贴在一起的漏水的装置，简直就像筛子一样，完全不具备适航性，里面的人有一半都在拼命地往外舀水，并且每过几小时就得把它抬到岸上，完全将水舀干。这样一来，人永远别想航行很远，而必须一直保持在能看到陆地的地方。渐渐地，经过几千年的缓慢发展，随着人类发明出锯子和锤子，能够砍下更大的树并切割成木板、梁、船柱和帆桁；随着人类开始发现比黏土或苔藓更好的防漏方法；随着人类发明出织布机，制造出比儿童毯更大的帆布，最终，经过几千年的缓慢进步和发展，人类在航向选择上变得更自由，他们的船只才获得实际的适航性。你或许还记得，诺亚在方舟的里里外外抹上沥青来防漏。

但造船业上第一个真正重要的发展是欧洲社会结构发生变化的结果。从公元前5世纪直到公元4世纪罗马帝国逐渐消失，北欧都被一些强壮、动作迟钝但不是特别聪明的野蛮人霸占着，他们来自亚洲腹地。从体格上说，他们无疑优于一般罗马人或希腊人，但在正规的激战中，他们不是罗马人和希腊人的对手。

这些金发碧眼的野蛮人为意大利和希腊半岛的人提供了无穷无尽的廉价人力储备。类似的情形也曾经在南非一直盛行到一个世纪之前。当一名布尔农场主需要几个额外的仆人时，他会花一个下午出门，然后带着两三个霍屯督人回来。他是通过打猎将他们捕获的，就像我的佛蒙特邻居在初秋时节到野外猎杀一对野鸡或鹌鹑回来一样。如果希腊人和罗马人想在莱

奥斯蒂亚

57

罗马被焚毁

茵河谷开一家工厂，在意大利建一座养牛场，或者想在奥斯蒂亚建一座造船厂，他们总能够获得新的人力供应。

最终（历史有时会以最令人迷惑的方式重复自己），他们开始为这种超级丰富的廉价人力而受到惩罚，就像我们今天体验到与超级丰富的马力相联系的各种罪恶一样。罗马最终灭亡，因为奴隶多得让它头重脚轻，重心不稳，正如我们因为拥有过多的"铁人"、过多的机器帮忙，而搞得自己的境遇每况愈下。

一旦这样廉价的人力供应建立在一定的贸易基础上，地中海的船主们就能购买数量几乎不受限制的桨手了。如果他们的一艘船带着船上的所有人沉没（记住，这些划船的奴隶总是被铁链锁在桨上，如果船下沉，奴隶就会像老鼠一样被淹死）。他们只需再购买80名或100名奴隶即可，而对这些人的生命毫不关心，就像现代轮船公司订购一只新涡轮机取代一只破损的旧涡轮机一样。这种情况差不多维持了1000年。南欧的奴隶制从未完全废除，一直持续到引入基督教几个世纪之后。当信奉基督教的统治者不再批准继续亲自捕捉奴隶的冒险时，他们又从北非的巴巴利海盗那里购买奴隶桨手，或者，如果他们的力量足够强大，也可捕捉足够的巴巴利海盗（这些海盗都是异教徒，谁在乎他们？），给自己的船只源源不断地提供不可或缺的桨手。

当这种人力供应枯竭之后（非洲人对捕捉自己的人有一种以其人之道还治其人之身的陋习，会利用白人基督徒给黑人划船），还有罪犯供他们使用。这些罪犯中有形形色色的人，其中许多是完全无害的异教徒（那位英俊的法国国王路易十四大笔一挥，就判决所有新教徒到自己的大划艇上服苦役），但大多数都是最低级的社会渣滓——杀人凶手、扒手以及犯下拦路抢劫罪或纵火罪的人。不过，一旦被铁链锁到一把船桨上，他们就不再是人，而变得好像是一架推进引擎的部件，就跟一辆现代汽车上的汽化器一样工作。

因此，如果在古希腊、罗马船与中世纪的船之间画一条明显的分界线，那就有点误导人，因为它们都是一种将大部分人口贬低为驮畜的经济体系的直接产物。只要这种廉价的人力供应能够在数量上几乎不受限制，船只就不需要多大改进，15世纪的海战跟公元前480年在萨拉米斯岛附近发生的海战非常相似，在那场战役中，提米斯托克利率领希腊舰队摧毁了波斯人租用的腓尼基舰队，从而将欧洲从亚洲侵略者脚下解救出来。

在这两种情形下，采用的策略都是相同的。在这两种情形下，他们的船都会直接朝着对方冲过去，而桨手会被监工的鞭子抽得疯狂地划船。在这两种情形下，双方的船都试图将对方撞坏。在这两种情形下，那些没有在第一次撞击中沉没的大划艇都会展开激战，其士兵会爬上敌人的船，就像在陆地上作战那样，利用剑和矛刺杀敌人。

　　提米斯托克利率领希腊舰队摧毁了波斯人租用的腓尼基舰队，从而将欧洲从亚洲侵略者脚下解救出来。

　　将圣保罗送到罗马的船与12个世纪后载着圣弗朗西斯前往圣地的船相比，船上的生活没有多大差别。在某些方面，中世纪的船只或许比古代的略好。在某些方面，例如卫生方面，它们都不是很好。但在重要的细节方面，它们都绝对相同。

　　现在，当一种新的影响开始在造船领域内出现时，碰巧（因为人类生活

威尼斯

61

真的是一件复杂的事情）古代廉价的人力供应逐渐结束了。那个影响就是弹药的发明。在陆地上，弹药让那些披着铠甲的绅士们无法获得其石头城堡的保护，让拥有火绳枪的农奴跟全副武装的骑士不相上下——在大多数情况下前者更占优势——从而摧毁了拥有土地的旧贵族的影响。在海上，它导致海军的战略发生如此彻底的改变，以至于所有仅仅依靠人力作为动力的船只都过了时。随着军舰反应的灵敏度成为战斗中最重要的因素，古代希腊人和罗马人为了生存下来，被迫发展出驾驶船只的新方法。同样，欧洲国家也发现自己面临着这样的问题：怎样才能让建造出来的船只既能运载数量最多的加农炮，同时又尽可能保持最快平均速度？正是弹药而非其他事物，将热那亚、威尼斯和教皇的大划艇（教皇的大划艇名气更大，但也不是很理想）演变成了德鲁特和纳尔逊的船。

第三个主要变化当然来自蒸汽机的发明，它使得船只完全不依赖风力或人力。

如果说目前本书多多少少遵循了旧的分期方式，例如把船分为希腊船和中世纪船只等，我这么做纯粹是为了方便，也为了不让各个章节太长。不过请记住，在造船业方面只有3个真正重要的变化，它们就是由奴隶制、弹药和蒸汽机造成的变化。

从我刚才的叙述可以清楚地看出，对于所有生活和工作在腓尼基人时代和伟大的皇帝查理五世（在他的统治之后，大划艇逐渐从大海上消失了）之间的造船主来说，他们关心的主要目标是尽可能便利地利用人力。这些老家伙肯定会谈论"桨橹"和使用船首撞角的方式，就像现代轮船公司的老板就烧煤改成烧油的合理性展开讨论和争论一样。

这就将我们带到了古代历史上最容易引发争论且争议最多的问题之一：古希腊人到底是如何安排桨橹的？每支桨有多少人操纵？桨手的长凳

一艘希腊船

是怎样放置的——他们是一排坐在另一排的上面，抑或是船只为上层桨橹设置了特殊的舱室？

遗憾的是，尽管我们拥有无数画在瓶罐、墙壁和纪念碑上描绘船只的图画，但在涉及最重要的细节时，我们又变得完全一无所知了。那些古代的艺术家试图为顾客画一些赏心悦目的小图画。在这方面，他们跟现在某些时髦的海景画家相似，后者画一下桅帆装备齐全的船，在旱鸭子中很受欢迎，但对于少数退休船长而言，却是引起嘲笑（更别提愤怒了）的对象。因为他们的年纪很大，还能记住这种船的模样，根据画家在画布上描绘的环境，他们也知道那些船能够承受多少船帆。不，古希腊的图画告诉我们更多细节，但关于让我们最感兴趣的那个主题——当船上的桨橹超过两排时，他们如何安排桨手的座位——它们却最固执地保持沉默。

为了一劳永逸地解决这个问题，拿破仑三世——他是一位热心的古典学者——下令根据那些流传至今的古代绘画与浮雕，重建一艘古希腊的船只。这艘3列桨战船在1860年下水，但却无法让它移动。如果你自己在纸上画出这样一艘船的剖面图，就会一目了然，因为，让一排桨手坐在另一排上头就

63

在这方面，他们跟现在某些时髦的海景画家相似，后者画一下桅帆装备齐全的船，在旱鸭子中很受欢迎，但对于少数退休船长而言，却是引起嘲笑（更别提愤怒了）的对象。

已经够糟糕了，但假如你加上第三排，就必须发明一种长达30英尺或40英尺而重量却不能超过1吨的桨橹，这似乎完全不可能办到，因为即使在双列桨战船上，一支沉重的桨橹也必须要5个人才能操纵。

当然，桨橹是非常笨重的东西。只要它们有一点点膨胀，差不多就没用了；而且除非桨手受过高度训练和严格管束，否则他们会永远互相干扰，船的速度就会降低到零，而速度是战船最重要的因素。

因此，有人提出，所有有关三列桨、四列桨、五列桨战船的提法都只是说明操纵一支桨橹的人数，与上下重叠坐列的桨手排数无关，这或许才是正确的答案。

这件举足轻重的事情发生在公元前55年，当时，凯撒站在加来北边的悬崖上，第一次看到雾蒙蒙的英格兰。

10 罗马为了海战的需要，建造了很多战船

在黑暗的中世纪，整个航海业实际上停滞不前达几个世纪之久，因此普通人甚至无法想象一艘船能有30吨重，更别提重达3万吨的船了。所以中世纪那些创作大众文学作品的穷文人每次想说某种事物比常见的更大时，就会在数字后面加上几个零。

我们了解这一点，凭借的不是直接证据（因为诸如尼禄和卡利古拉等人，他们的船虽然很有名，却只是漂在水上的夜总会，安全地停泊在浅浅的湖泊里），而是遇到这种情况时能够找到的最可靠的间接证据。我们是从古代罗马和希腊的港口状况了解的，人们认为它们甚至都不适合停泊游艇俱乐部最小的船只。我们还发现了若干古罗马码头遗迹，它们都不到15英尺宽。关于这些古代船只的船梁（这意味着船的宽度）和长度的比例，战船为1:8，商船为1:7，因此我们能够算出这些船有多长。它的长度不会超过7×15=105英尺。而甲板的深度表明这些船大体上仍然是我们所说的"水面船只"，就像古埃及的船一样，吃水很少有超过三四英尺深的。

指挥这种独桅船的海军军官怎么可能摧毁腓尼基人或迦太基人的力量？这也是一个让我们非常迷惑的问题，除非我们能找到它们参加不同战斗的详细描述。毕竟，在重要的海

　　在判断所有古代和中世纪的海战时，我们都应该记住这一点：中世纪的船很小，上面挤满了桨手和士兵，人满为患，当他们待在船上时，根本无法为他们供应食物或提供体面的床铺。

战中，参战舰船大小只具有相对重要性。在一般环境下，一艘现代巡洋舰（我指的不是无畏战舰，而是一艘小小的战列巡洋舰）就能够击沉特拉法加海战双方的所有船只，而自己却不会遭到一次打击。一艘渡轮如果装上普通的3英寸野战炮，那么伊利湖上的佩里和巴克雷舰队联合起来都不是它的对手。然而，特拉法加战役改变了接下来几百年的整个欧洲历史，而伊利湖上的那场战役则是美国与英国之间具有决定性的最后战斗。

在判断所有古代和中世纪的海战时，我们都应该记住这一点：中世纪的船很小，上面挤满了桨手和士兵，人满为患，当他们待在船上时，根本无法为他们供应食物或提供体面的床铺。因此这种舰队必须离岸边非常近，否则厨子就没法为他们准备食物，士兵就吃不上饭，而奴隶桨手，经过一天的苦

凭借这样的船只，罗马击溃了迦太基人的海军。

工已经半死不活，也没法好好睡一觉。

不过，这么说虽然过分夸赞我们优越的成就感，却也说出了部分事实。因为，毫不夸张地说，中世纪的海战非比寻常，伤亡很高。在现代海战中，没人关心舰船内部底下某个地方的技工们，而当最坏的情况发生时，他们最容易死去。同样，当中世纪的地中海人碰到战况不利而必须游到岸上逃命时，也会听任桨手奴隶溺死，却不会给他们丝毫自救的机会。

《宾虚》（*Ben Hur*；谁没读过这个故事呢！）在这方面的描述非常准确。被锁在桨橹上的桨手就像船只引擎的一部分，受到的照顾就跟我们发电以点燃现代油门的发动机差不多。

但士兵的死亡率也很高，因为当时的海军当局已经采用了那种可怕的策略——它在第一次世界大战中非常成功地复兴——即禁止船长为那些在水中拼命挣扎的人体"浮木"操心，这一策略迫使他继续航行，对敌友的命运都置之不顾。这种事情发生在罗马人身上，我们并不感到吃惊。在获得伟大成就的人当中，罗马人是最有意思的，他们是英勇的战士，他们是能干的政治家，他们是优秀的组织者，在管理外族方面无与伦比。但没人能够找到一个有同情心的罗马人。我不是谴责他们的铁石心肠，至少铁石心肠还有积极面。但罗马人在人体解剖学的这个重要器官上是完全消极的。在他们身上，应该长着心的地方，却空无所有，他们似乎完全无法体验人类共有的一些情感，如同情或体谅他人之类，或者是在世界其余地区许多低等土著中间都能找到的那种和蔼、友好的基本情感。很可能就是这种特别的品质，让他们的所有战斗都具有顽强、不可战胜和近乎超人的特征，使得一条七等意大利河流岸上的一座五等意大利城市的居民成为整个已知世界的主宰。

但为了做到这一点，他们必须获得无可争议的海上统治权。罗马人本质上是陆地民族，然而，他们最终卷入了与迦太基人的那场你死我活的争

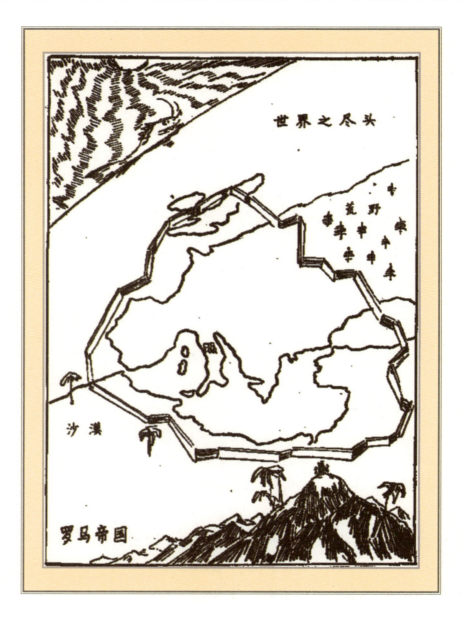

世界之尽头

沙漠

罗马帝国

在获得伟大成就的人当中，罗马人是最有意思的，他们是英勇的战士，他们是能干的政治家，他们是优秀的组织者，在管理外族方面无与伦比。

斗，它将决定地中海将成为闪族人还是拉丁人的内湖。于是，罗马人全身心地投入造船业，每次他们遇到涉及罗马利益的事情，这种全身心的投入就表现得非常典型。

在与迦太基人的战斗中，罗马人其实是在与一个腓尼基国家作战，也就是说他们卷入了一场与当时最主要的海上力量的战斗。到那时为止，希腊是除腓尼基之外唯一成功地成为一流海上霸主的民族。因此，罗马人研究了希腊的作战方法。他们以希腊船只为样本，对它们加以改造和改进，以满足自己的需要。

出于战斗目的，他们保留了希腊船的狭长模式，并且尽可能地用桨移动船只。但是，由于被降格为机器的人力会很快衰竭，他们不得不依靠风力来驶过那段将他们的半岛与非洲海岸隔开的漫长航程。在海战策略方面，他们发明出自己的体系，将陆战中的步兵团作战方法用于海战。这很自然，罗马凭借自己训练有素的步兵团征服了世界，每当需要突破敌方的前线时，就可

快速的罗马战舰

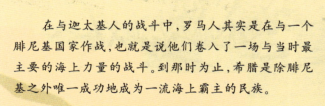

　　在与迦太基人的战斗中，罗马人其实是在与一个腓尼基国家作战，也就是说他们卷入了一场与当时最主要的海上力量的战斗。到那时为止，希腊是除腓尼基之外唯一成功地成为一流海上霸主的民族。

房龙经典语录

把他们用作人体破城锤。现在，罗马人加固船首，直到船只自身也变成破城锤。起初他们的这个新战略不太成功。建造这样的船必须非常小心，如果船的前面部分不够重，它就无法刺破自己希望击沉的船只的侧面。另一方面，如果船首太重，刺入敌船太深，那它就有可能无法及时拔出来，然后胜败双方将一起沉入海底，同归于尽。于是，罗马人将破城锤固定到一块沉重的木头上，以便在它撞击那一刻给它更大的冲力。但在那块木头后面，紧跟着又固定了两块重重的十字梁，以免破城锤刺入敌船太深。在尖尖的鸟喙形船首上，罗马人又造了一个类似于塔楼的宽阔木头平台。从这个塔楼上，罗马正规军能够跳上敌船，利用自己的剑与盾牌，采用他们著名的陆战策略白刃战，直到他们最终像占领陆地上的要塞一样，占领敌船。

在那个时候的许多图画中，船首破城锤似乎跟船体整个其余部分一样大。其实不是这样的。不过，当经过改进和增大后的破城锤第一次出现时，它已经不再是更古老的希腊和腓尼基船上的那个无害的小部件了，它如此投合公众的好奇心，以至于当时的画家牺牲了细节上的准确性，以满足自己创造出良好（更是流行的）画面效果的欲望。

不过，一旦这场战争结束，地中海也确实成为意大利的内海（墨索里尼梦寐以求的事情），罗马人就对海军的发展失去了兴趣。在陆地上他们也能够像在海上一样有效地管理自己的帝国，而且普通的意大利人不太容易适应大海。对不知疲倦的罗马军团而言，单纯的距离显然不是问题。他们的长途行军纪录大大优于拿破仑的士兵——尽管在以最短的时间将庞大的队伍从一地转移到另一地方面，那种非常典型的意大利雇佣兵队长也不是专家。因此，罗马海军很快滑落到以前不受重视的状态。这并不意味着罗马突然结束造船业。恰恰相反，随着罗马帝国面积增大、越来越脱离农业国家，失去土地的农夫匆忙赶往城市，任凭野草和狼群霸占他们的田地。接着，就进入了实施众多有趣试验的伟大时代，稍后的罗马皇帝们开始了"回归土地"运

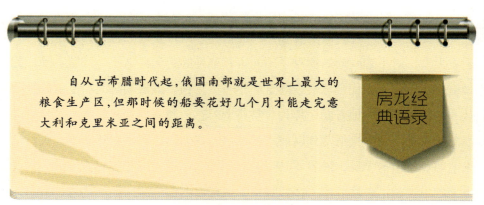

自从古希腊时代起,俄国南部就是世界上最大的粮食生产区,但那时候的船要花好几个月才能走完意大利和克里米亚之间的距离。

房龙经典语录

动和其他冒险。所有这些全都不幸地失败了。一旦平民发现自己只需咕哝那个可怕的词语"革命"就可获得免费的食物和免费的娱乐，就不可能让他们回去工作。因此罗马元老院不得不养活这数百万男女老少，他们挤满了罗马郊外那些六层楼的廉价公寓，让这个世界第一次尝到无产者的威胁是什么滋味。只有一个办法能摆脱这种困境：必须通过从别处运来的粮食喂养这些乌合之众。

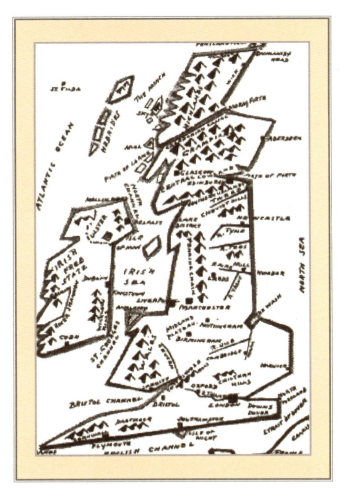

▲ 英格兰、苏格兰和爱尔兰

自从古希腊时代起，俄国南部就是世界上最大的粮食生产区，但那时候的船要花好几个月才能走完意大利和克里米亚之间的距离。因此，地中海西部被选作罗马未来的粮仓，数千艘小商船忙着将撒丁岛的粮食和西西里岛的橄榄油运往奥斯蒂亚。

奥斯蒂亚自远古以来就是古罗马的港口。它位于台伯河口，距罗马14英里，在罗马历史上从一开始就具有重要地位，是古代所有垄断行业中利润最高的食盐贸易的中心。然而，这些运粮船都很小，通常只有不超过800立方英尺的空间。它们只能这么小，因为奥斯蒂亚虽然是两千年前的世界之都赖以运入每日所需面包和橄榄油的港口，虽然罗马人说谁是奥斯蒂亚的主人谁就是罗马的主人，但它却危险地暴露在西南风暴之中，仅仅一年就有超过200艘停泊于防波堤后面的船只沉没。

此外，台伯河将大量泥沙输入大海，整个地区都在飞快地淤塞。罗马人最终无奈地放弃了整个港口，克劳迪乌斯皇帝统治时期，在奥斯蒂亚以北数英里的地方修建了新的防波堤和灯塔。但即便那时，除吃水非常浅的船外，这个港口也不安全。

然而，船只若没有优良的港口，就像飞机没有像样的机场一样，就会变得毫无用处。古罗马的商船注定很小，直到其统治者为它们提供真正一流的港口。

关于古代世界的船只，我就只能告诉你们这些了。如今，海上强国也是陆上大国。但两千年前却恰恰相反，控制陆地的强国才是海洋的统治者。陆上雄兵罗马人与海上霸主腓尼基人（以他们在迦太基的殖民地居民为代表）之争的最后战役是在海滩上进行的。埃加迪岛海战就跟西西里附近的那场海战一样，虽然重要，却不具备决定性。扎马战役解决了所有问题，而那场战役是在陆地上进行的。

　　但与此同时，罗马的一位将军在其穿越大陆的游历中，却抵达了一个不湿足就无法前进的地点。那是罗马人第一次接触北方航海者的时机，后者最终将把著名的地中海变成一个三流的湖泊，并让大西洋成为一种崭新文明的中心。

11 从挖凿式独木舟发展到龙骨的过程

很少有真正的罗马船只保存下来，尤其是用于航海的船。最近花费巨资从内米湖打捞出来的大划艇是娱乐船，用来供一个疯狂的皇帝举行狂欢聚会，不能视之为运送罗马军团的大划艇的典型。1910年从泰晤士河威斯敏斯特桥兰贝斯一侧出土的罗马战船则是另一种类型。它原来肯定有60英尺长、18英尺宽，配备24名桨手，每边各12名。它有一根桅杆和一块顶部正

瑞士

挖凿式独木舟怎样
变成现代船只的龙骨

方形的船帆，用船尾的一种宽尾短桨控制方向。

奇怪的是——不过这种事情是极其偶然的——幸存下来的独木舟样本比罗马大划艇更多。这些船不过是挖空的树干，有的两端用厚木板封闭，有的还保留着树干本来的外形。1886年，从林肯郡的沼泽里就发掘出这样一条船，大约20英尺长、5英尺宽。史前时代的瑞士湖畔居民也使用类似的船只。

在丹麦南部的沼泽中也找到过相似的挖凿式独木舟。因此，显然所有北欧人都使用那种船，但如果它们只是中空的树，我们会毫不犹豫地扔掉它们。不过，当我们试图通过建设性的想象，弄清我们自己的祖先何时何地以何种方式最早产生造船的想法时，它们却展示了一个最为重要

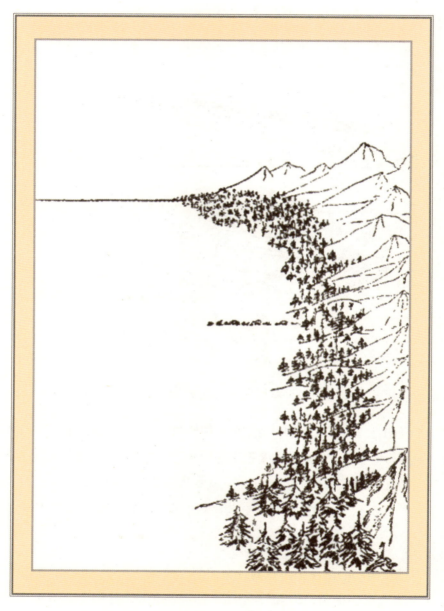

北方的森林一直延伸到海滩，把树砍倒或烧倒再推进水里就相对容易得多。

的改进。

挖凿式独木舟很难操纵，其载重也比不上普通的印第安独木舟。除非河流或湖泊像平底锅一样平滑，否则挖凿式独木舟就会进水，虽然不至于完全沉没，但在一条冰冷的河流上，略微淹没在水面之下的船也没有多大的实际用途。

为了克服这个麻烦，这些早期的造船者开始将一排木板绑在中空的树干两侧。他们还经常在第一排木板上加上第二排，都用夹具和一块块皮革固定到底下那一排上面。瞧！这样一来，挖凿式独木舟就变成了成熟的船只。

随着他们越来越熟练地使用锤子、锯子和其他工具，并放弃石器，代之以更好的铜斧头，他们学会制作木肋，将那些相当复杂的木板拼合起来。当然，随着那一排排木板变得越来越高，这种新装置运载的货物越来越多，最初的挖凿式独木舟自己也就越来越深地降到水面下。起初那截不幸的树干就构成整个一条船，到最后却降格为仅仅是龙骨而已。

因此，下一次你看电影时，如果看到一个大型造船厂正在为一艘载重7万吨的崭新邮轮装龙骨，记住那条长长的铁梁是北欧那些树干的直系后裔，在哥伦布宣布自己成为舰队司令并与帕洛斯的大亨们讨价还价租用它们那3条小型船只之前至少1000年，人们就已经把它用于相似的目的了。

提到从挖凿式独木舟发展到龙骨的过程时，我有意将它与北欧联系起来，因为那里比南方更容易获得做这个用途的大树。北方的森林一直延伸到海滩，把树砍倒或烧倒再推进水里就相对容易得多。对世界上其他地区而言，此类挖凿式龙骨船肯定显得很新奇，我们从恺撒的《高卢战记》中知道这一点，因为他在书中反复提到它们，随后在西班牙，当他不得不将部队运过一条汹涌的河流时，就下令建造出类似于他在北欧海岸一带看到的那些船只。

12 不列颠人最终被罗马人征服

有人争论说，恺撒造的这些船很可能只是篮子似的圆舟和独木舟，它们一度在英格兰和爱尔兰十分常见，就跟数千年前巴比伦和叙利亚的情形一样。不过，即便关于这个问题没有更明确的统计数据，我们也知道，在罗马人最终出现之前，跨越英吉利海峡的旅行就已相当多。北海和英吉利海峡的起源相对较晚，并且英格兰最初并未与大陆分开，直到人类深入当时的欧洲大平原最西端，当时这个平原一直从乌拉尔延伸到爱尔兰的大西洋海滩。想象一下，北海两岸的所有人不为继续保持交流做任何努力，就完全接受这些逐渐产生的地理变化，这是不合情

船只若没有优良的港口，就像飞机没有机场一样，都无法发挥作用。

在英吉利海峡的欧陆一侧，也生活着一个能够建造坚固木船的民族。因为，当恺撒在今卢瓦河口与维内蒂人作战时，他的筏子与敌人用橡树造的船发生冲撞，遭受了严重的损坏。

理的。既然需求是发明之母，他们就肯定会开发出一种允许他们保持联系的船只。

现在，在向不列颠群岛的篮筐编织者（他们的技艺给罗马人留下非常深刻的印象，结果很多人被抓起来送到罗马，好把那项可敬的古老手艺教给罗马人）致以应有的敬意后，我得说任何如柳条筐一样脆弱的东西能够不止一次地越过英吉利海峡（即使是在非常有利的环境下）的观点非常值得怀疑。

因此，不列颠人肯定很早就创造出某种技艺，能够在横亘于他们的岛屿和欧洲大陆之间的那片变幻莫测的水域挑战汹涌海浪，就像早期的瑞典人拥有能从自己国家驶往丹麦的船只，在赫尔辛堡越过厄勒海峡——这是另一片险恶的水域——来到哈姆雷特的那座老城赫尔辛格一样。

我们还从恺撒的《高卢战记》得知，在英吉利海峡的欧陆一侧，也生活着一个能够建造坚固木船的民族。因为，当恺撒在今卢瓦河口与维内蒂人作战时，他的筏子与敌人用橡树造的船发生冲撞，遭受了严重的损坏。恺撒用很长篇幅解释说，维内蒂人（请注意！不是亚得里亚海的威尼斯）的船拥有非常牢固的横梁，几乎不可能把它弄沉。

然而，在罗马的将军当中，像恺撒一样有经验的作家极其罕见。因此，除了最近半个世纪出土的早期不列颠船只留下的少数残余物之外，他的记录差不多就是我们有关它们的所有确切知识了。不错，恺撒为入侵不列颠做了最仔细的准备，下令建立一支特殊的舰队。但他没有告诉我们，他建的是有龙骨的船抑或只是大型筏子。

不过，我们知道，他在士兵开始砍伐必需的木材之后30天越过了英吉利海峡。当然，他们能够在仅仅一个月内为两个罗马军团建造足够多的筏子，但为这么多人建造正规的船只需要的时间则会长得多。还有一个问题悬而未决：这些筏子到底是怎样从海峡这一边开到另一边去的呢？很可能是用专门为此租借、购买或盗窃而来的高卢本地船拖过去的。

不管怎样，罗马人确实在公元前55年踏上了不列颠的土地，不过还没有站稳脚跟，恶劣的气候和不列颠双轮战车神出鬼没、四处骚扰的战略就迫使凯撒撤出军队，回到了高卢。又过了97年之后，他的曾侄孙克劳迪乌斯皇帝才再次派出一支远征军，征服了这个顽强的岛屿——实际上，他自己也参与了行动，但他扮演了一个既非决定性又算不上荣耀的角色。从那以后，罗马人就在不列颠立下脚来。

13 罗马人走了，野蛮人来了

　　我们都知道，不列颠在公元1世纪到5世纪期间成为罗马的殖民地，而在易北河河口星罗棋布的小岛上，某些居住于此的日耳曼部落开始攻击摇摇欲坠的罗马帝国的边缘地带，结果导致罗马从不列颠撤回了军团，听凭已经罗马化且相当衰微的不列颠人受那些更强健的野蛮人处置。

由于日耳曼部落的攻击，罗马不得不从不列颠撤回。

　　对我们而言，不幸的是，在尤利乌斯·恺撒之后，没有一个总督或指挥官费心记录任何有关造船工艺或船只的事实。我们知道罗马军团离开不列颠，我们知道野蛮人来到不列颠，二者都经海路来去，但关于他们所用船只的证据，我们能获得的大多数都是很难让人满意的"间接"证据。

　　然而，这些间接证据让我们确信，北欧的造船者肯定非常透彻地了解自己的行业。因为，如果没有非常适合航海的船只，古代挪威人就无法走遍他们珍视的那片土地。在说到腓尼基人时，我也使用了同样的论点，他们肯定也拥有一种高级的船只，才能进行如此漫长的航行，一路向南来到刚果并绕过好望角。

14 维京海盗船

　　几艘古老的维京海盗船的残骸证明了我的看法。第一批这样的船于19世纪60年代发现于日德兰半岛（丹麦北部）。它们似乎可追溯到公元5世纪，最大的有70英尺长。但随后在挪威发现了更好的样本，其中1880年发现的哥科斯塔号（Gokstad）和1903年发现于奥斯陆峡湾（Oslo Fjord）附近的奥斯伯格号（Oseberg）保存得最好，因此从我们的角度看也是最重要的。哥科斯塔号和奥斯伯格号现存放于奥斯陆，你可以在这里看到它们，并且为它们能保存下来而惊讶。

　　但这些船都被用作已故著名首领的墓碑。当首领或他的妻子去世后，尸体连同他们的武器、饰品和若干以前的奴隶（被杀掉殉葬）一起，就会放在他们用过的一艘旧船里。接着再用一层厚厚的土和一层同样厚的石头把这些

一艘古老的维京海盗船从泥土中露出来。

全埋起来。然后这个"金字塔"就任由瓦尔哈拉殿堂（Valhalla）的诸神处置了，他们细心守护着这些船，直到现代考古学家来到这里说道："多么了不起的发现啊！一艘维京海盗时期的完整的斯堪的纳维亚船，每个细节都那么完美！"于是他拿出笔记本和小小的码尺，测量并记下如下细节：

船体总长：77英尺11英寸

龙骨长：65英尺

船体深度：5英尺9英寸

船体宽度：16英尺7英寸

因此，这艘船的长度与宽度之比约为5:1，比罗马的战船显得略圆，后者的长宽之比跟中世纪的战船相同，都是8:1。但它们却不如公元3世纪的罗马运粮船圆，后者的长宽比为3:1，有时甚至达到2.5:1。

这艘船龙骨的两侧各有12块木板，从龙骨往上，第10块木板比其他的厚很多。因为它不是一块普通的木板，而是一块沉重的肋材，切割成"L"形，在船撞击水的地方，赋予它超常的承受力。

船肋一直延伸到这块"L"形木板所在的地方，用金属夹具跟底部的木板固定起来。而木板跟龙骨以及木板之间则用藤条和皮带固定。

很难确定这些维京船确切的建造日期，不过它们很可能可追溯到公元8世纪。用我们今天计算吨位的方法计算，它们的载重略多于30吨。（总吨位以一条船用平方英尺表示的密闭舱室容积除以100计算。船的1吨位等于100立方英尺。净吨位则是用总吨位减去船员舱、轮机舱、燃料舱和储藏室所占的空间。换言之，净吨位表示的是乘客舱和货舱的空间。）

这些维京船都有桅杆，位于船中央向前约3英尺处，不使用时可把它放

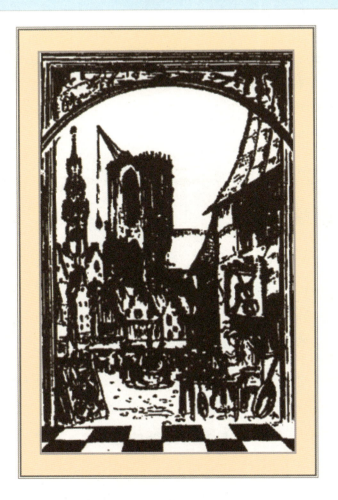

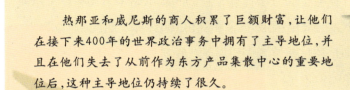

热那亚和威尼斯的商人积累了巨额财富,让他们在接下来400年的世界政治事务中拥有了主导地位,并且在他们失去了从前作为东方产品集散中心的重要地位后,这种主导地位仍持续了很久。

房龙经典语录

用叠接式和平铺式构造法建造的船只

到船尾。船的空间可容纳90名船员，最后一个细节是，所有这些船都是用叠接式构造法建的。

既然我们仍然区分叠接式构造法和平铺式构造法，也许应该解释一下这两种不同的造船方法。

用叠接式构造法建造的船，每一块木板的上缘都被上面一块木板的下缘叠盖，它们全都用钉子钉过重叠部分而固定在一起。下次看到那种救生艇或小船时仔细观察一下，就会知道叠接式船只到底是什么模样。

与之相反，用平铺式构造法建造的船，所有木板都是平齐的，彼此没有重叠部分。

保留到现在的所有早期北欧船只都是叠接式，看起来它们完全能够满足人们的要求，因为至今仍有好几种类型的叠接式北欧渔船存在。俄国革命前，在那些用来从芬兰往当时的圣彼得堡运木柴的大型木船中，你还可看到与它们类似的船。

15 他们的船非常符合自己的需求

关于这种船本身就介绍这么多，现在来说说更重要的问题：它是否具有适航性？作为战船是否符合要求？这两个问题的答案都是肯定的，因为欧洲其余地区很快就会发现周围到处是遭到劫掠的村庄或燃烧的城市废墟。

首先，这些船很轻，能够在海浪上行驶，而不会像更重的船只，如罗马大划艇那样，在北欧的大海上穿过波涛就会导致大量海水涌入船里，最终完全将船淹没。除了在波罗的海或北海航行，这些船通常只用于深海区。但如果需要它们靠岸，以便让船员休息一下或修理船只，就会发现它们非常轻，40名男子即可轻松地将它们拖到陆地上来。

这些船似乎也能很快对右舷上的方向舵做出反应，我们知道这一点是因为在战斗中操纵它们非常轻松。

当然，哥科斯塔号和奥斯伯格号的船帆已经完全没有了，但古代挪威人肯定依靠风力做远距离航行，前往冰岛、格陵兰岛、美洲以及西非海岸。在这里，他们很可能到过刚果河口，是第一批见过人类远亲大猩猩的白人。他们给我们留下很多有关其战争与探险的记录，但他们的《萨迦》没有说他们怎样在大海上操控船只。

不过，1892年，挪威人纤毫不爽地重建了一艘哥科斯塔

里夫·埃里克松（Lief Ericsson）开始他著名的西行航海。

94

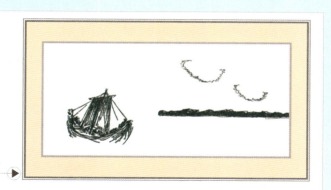

公元1000年左右，白人发现美洲。

号，然后安排12名健壮的年轻人驾驶这条船，穿过大海，到当时举行的芝加哥世界博览会上展出。从这条船的航海日志中，我们了解到，9～10节的速度对他们来说并非罕见，有时甚至可达到11节。这种速度完全符合一些北欧《萨迦》的记录，里面说有些战船从丹麦到英国只需三天三夜，其中还提到一次从挪威的贝尔根前往格陵兰岛最南端的费尔韦尔角的航行，只用了6天多一点的时间。

做这次航海的维京人沿着那条路线，从接近正东方向朝接近正西方向航行，前往格陵兰岛，这时他们当然利用了北大西洋洋流。它就在冰岛南面一分为二，一股分支洋流向东朝英国和挪威流动，另一股分支向西朝着格陵兰岛和拉布拉多流动，并在那里再次与墨西哥湾暖流相汇合。

即便如此，6天的航海时间也是相当漂亮的纪录，因为小型现代蒸汽船从哥本哈根到尤利安娜霍布所需的时间要长得多。热情的中世纪抄写员或许会以其一贯的夸张，从原来的纪录中减去几天，但即便我们这个时间增加一倍，假设是两周而非一周，那么我们也不得不推断早期的北欧航海者熟悉这个行业的某种技巧，但古代地中海的船长们似乎从未学会。北欧航海者知道如何抢风航行。

根据词典的定义，抢风航行就是：

船在顺风航行时，改变船的路线，将船头掉转迎风，并转动帆桁，以使船只沿着另一条航线逆风行驶。

对于非水手而言，这种语言不太好理解。它的意思是：首先将你的航线从左向右转，然后从右向左转，就可让与你的航向相反的风吹着你的船略微偏向一侧行驶。当然，如果你没有配备优良可靠的方向舵，就会在顶风航行时以偏离原来航线90度的方向朝侧面行驶。不过，如果你拥有一流的驾驶装备，就可将90度减为45度或更小。每半小时这样做一次，你就不再按直线航行，而会开始按"之"字形路线航行。这样会速度缓慢，但技艺娴熟的船

前往格陵兰岛做这次航海的维京人沿着那条路线，从接近正东方向朝接近正西方向航行，前往格陵兰岛。

一艘维京海盗船的帆橹样式。

长凭借一艘上好的坚固船只，就可在这个非常困难的航海领域表演真正的奇迹，他可以在船从一条航线转到相反航线那一刻展示自己最精湛的技巧。因为在这个时候，除非他精通自己的工作，否则船会暂时陷入近乎完全停止的状态，失去它在上一次"之"字形拐弯后获得的速度。

16 北欧的航海技术远远高于地中海

挪威人从故乡前往冰岛、格陵兰岛或英格兰时不可能总是一路顺风航行，因此我们可以从其飞快的航行速度这一间接证据推断，古代挪威人肯定熟悉某种原始的抢风航行方法。但

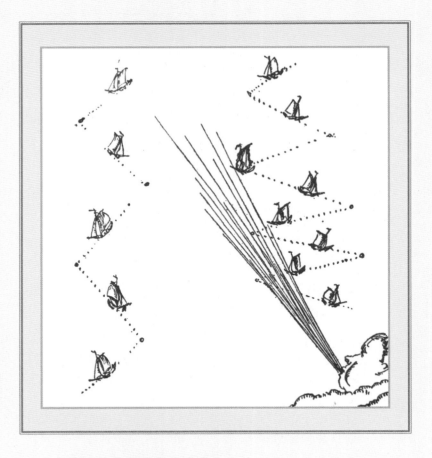

抢风航行：长程抢风和短程抢风。

是，如果没有一套能够快速操纵船帆的索具，没有一个能够让船对其移动反应灵敏的方向舵（就像优秀的骑手骑着一匹不愿服从的骏马那样），就不大可能抢风航行，所以我们可以推论，北欧的航海技术远远高于地中海。

当然，抢风航行需要的不止是一个灵敏的船舵，具备某些结构因素也同样重要。如一块伪龙骨或定水板（centre board），或者一块下风板（leeboard），它可减轻船在水中的漂移。船帆一发明，维京人就意识到，当舵手试图让他们那种圆底浅船迎风行驶时，船就会在水上漂移。因此他们首先发明了下风板——一块安装在船舷上的木板。

我现在所说的维京船当然比上一章讨论的罗马船出现的时间要晚得多。可是，在公元8世纪，地中海的船只仍然靠人力推动，即使有桨杆，也只能顺风航行。所以，关于南方航海技术为何如此劣于北方，我们必须寻找其他原因。

二者的差距不在于船，这是人而非手段的问题（总是这样）。17世纪的荷兰作家尼古拉斯·维特森（Nicolas Witsen）写了一本有关船的论著，里面提道：

不是因为船的形式或形状让我们荷兰人擅长在海上生活，而是因为我们有能力以相对较少的船员数量成功地驾驶船只，正是因为这些人一旦上船就过着朴素的生活，正是因为我们人民的内心圣洁，才让我们的船比其他任何民族的船拥有更长的使用寿命。

我们或许应该在任何有关航海史的书籍前面写下这段话。因为就算船造得再好，如果上面没有船员，它也只是不能动的死东西，有了船员后，船的成败将主要取决于其船长、高级船员和水手的能力与行为。我们必须从先前时代船只的人为因素而非纸上蓝图中寻找北方航海技术优于南方的解释。

直到最近，船都堪称是真正的酷刑室，没有哪个脑子清醒的人会喜欢航海生活，除非是为环境所迫，或者是年轻时相信了诸如"参加海军，见识世界"或"海上生活充满快乐"之类的宣传，而被说服加入这一行。

17 维京人在海上肆意劫掠

地中海沿岸气候温和，人们在陆地上就可轻而易举地谋生，衣食无忧。而在北方，至少从理论上说，一个正常、健康的年轻人能够待在家里耕种祖传的农场。但这里的农场很少，而且总是由长子继承。家里的其他成员不得不在一个完全没有接触到罗马文化的地方，因此也是一个没有道路没有城镇没有工业只有最简单的农业的地方，独立谋生。对于聪明的年轻人，只有一条道路可让他们逃避为长兄打散工的半奴隶生活。他可以到西边去。他可以到海上当海盗，在生存问题不如故乡严峻的地方偷学一种谋生的技能。

维京人并未公开承认自己的职业跟威胁到罗马帝国安全的第一批条顿人（维京人的远亲）相同，后者骄傲地自称"辛布里人"，亦即"拦路打劫的强盗"。不过公元8世纪或9世纪的维京首领只是高明的帮派领袖，从各个方面看，他们的追随者都类似于今天的歹徒。他们的做事方法有些不同，而且他们是更勇敢的战士，而非卑鄙的懦夫，但他们主要还是靠牺牲他人来谋生。

维京人靠洗劫整个西欧沿岸地区无法自卫的村庄、城镇和修道院来谋生。有时他们也会在英格兰或爱尔兰充当当地人所谓的保护者，抵抗敌方暴徒的袭击，以此维持生存。随着时间的流逝，他们发现正在衰落的罗马帝国的残留部分是很容易到手的猎物，于是变得越来越胆大妄为，将劫掠的区域向南扩展，直至地中海，并在此宣布自己是大量小邦国的封建霸主。而在北方，他们则建立起一流的王国，最终通过诺曼底和黑斯廷斯，控制了整个不列颠群岛，在这里，从前的强盗的后代成为英格兰神圣的统治者。

如果他们能够在故乡过上舒适的生活，就不会获得所有这一切成就。但他们心爱的家族老农场（一片10英尺宽、12英尺长的土地，只能出产一点点可怜的谷物却不出产蔬菜，另外还有一座木屋，冬天靠抹上一层牛粪保暖）如此贫困，迫使他们走向大海，成为海盗。

挪威人的愤怒

对这些北方的海盗而言，船只的地位就跟中世纪初期侵占欧洲的匈奴人和鞑靼人的马一样，这是他们的谋生工具。

对这些北方的海盗而言，船只的地位就跟中世纪初期侵占欧洲的匈奴人和鞑靼人的马一样，这是他们的谋生工具。他们非常清楚船能做什么、不能做什么。他们在北方的大雨和暴风雪中驾船，也在非洲的热带阳光下驾船，他们能让船穿过飓风或大雾。他们意识到自己的生命与安全完全依赖于船只载着他们迅速摆脱危险的性能，因此他们溺爱船只，仿佛它是一个活生生的动物；并且他们把闲暇时间都用来润饰它，照料它，用优雅的弯曲船首和船尾，以及一个高高矗立在大海之上、外表凶猛的龙头，把它装点得美丽非凡。

为了把他们漂浮的家修饰得尽善尽美、无微不至，他们心甘情愿地努力工作，他们的生命、他们的妻子儿女的生命，都在船上开始和结束。尽管妻子是低级的人类——一半是奴隶，一半是传宗接代的工具，但却具有超级重

　　他们能让船穿过飓风或大雾。他们意识到自己的生命与安全完全依赖于船只载着他们迅速摆脱危险的性能，因此他们溺爱船只，仿佛它是一个活生生的动物。

要性，因为没有她们，这个种族就无法延续。所以，在差不多500年的时间里，这些海上流浪者威胁着整个世界，以至于北海沿岸和法国海岸那些战战兢兢的农夫每周在上帝面前的祈祷中增加了一句祷词，请求上帝把他们"从挪威人的愤怒中"解救出来。

我们挖掘出来的大部分维京船都没有甲板，意味着这些船完全暴露在狂暴的天气中——除了船尾附近的一个小木屋，它似乎是为乘船前往北冰洋或地中海某个殖民地的女人和小孩准备的。

然而，普通水手却完全在露天中生活、睡觉、工作、吃饭、喝酒和赌博。如果天气特别寒冷，或者当他们在港口时，他们很可能会像罗马人无法忍受酷热时那样做。他们会把一面船帆升到船的中间，以便在吃饭或睡觉时获得哪怕一点点防护。不过，如果你在北海大风中的一艘露天船只上，头顶一块防雨布度过一个夜晚，你就会知道那么一点点防护意味着什么。记住——这是非常重要的细节——为环境所迫，维京人根本别想仅在天气好时才出海。每当他们准备实施一次非常重要的抢劫活动时，他们必须带着马，在这种情况下，他们当然会等天气晴朗时出海，否则马就会死掉，那时候，马绝对比人宝贵得多。但《萨迦》却证明他们有许多最重要的航行都在隆冬时节进行。

从奥斯蒂亚前往墨西拿或地中海其他任何地方的船长总能够说："今晚看起来情况不妙，我们最好进港等待好天气。"但夏季一艘离开格陵兰岛略有点晚的船没有这样的选择。不管恶浪滔天、逆风行驶，外加每半小时一次冰雹，它都不得不一直航行。当船员们怨声载道时，船长总是会这样安慰他们：这艘船是完全用木头做的，不可能沉没。但与此同时，他们也没法一连几天坐在3英尺深的船底污水上方，悠闲地摇晃着脚，而必须从早到晚不断把船里的水排出去。那个时候的排水可不是推一下水泵开关那么简单，那意味着提着一个小小的木桶不断劳动。

不管恶浪滔天、逆风行驶，外加每半小时一次冰雹，它都不得不一直航行。当船员们怨声载道时，船长总是会这样安慰他们：这艘船是完全用木头做的，不可能沉没。

　　不舒服的地方不止这些。天气好的时候，在这些露天船只上做饭不是完全不可能。即使今天，一位经验丰富的厨师仅利用摊在一个小铁板的少许木炭，就可创造出令人惊讶的奇迹。当船在大浪中倾斜翻滚时，船员们不可能吃热餐，也很难睡觉。船上没有一块干的地方。此外，船舵还必须用桨橹协助调整方向，才能让这种相对脆弱的船安全地乘风破浪。然而，人能够在最不可能的环境下攫取片刻非常需要的睡眠。维京船和都铎时代的远洋船只没有多大的差别，我们知道莎士比亚的亨利四世在呼唤"温柔的睡眠"时说的话：

服苦役的罪犯

夜晚，维京人往往把船拖到海滩上。

在令人眩晕的高高桅杆上，

你会合上年轻水手的双眼，

在狂暴专横的巨浪摇篮中摇着他的头……

偏心的睡神啊，你让浑身湿透的水手

在如此狂暴的时刻获得睡眠，

又怎能在最安宁、寂静的夜晚……

让一个国王难以入眠？

　　如果爱斯基摩人不得不将整个家庭从海湾的一侧搬到另一侧，他就不用单人皮划艇，而使用木框皮艇，也就是所谓的女人船。它的建造方式与皮划艇相同，但顶部是开放的，而且比皮划艇大得多。

那时，当维京人终于看到一个似乎能在狂风中给予他们几分保护的小岛时，他们总是面临遭遇怀着敌意的当地居民的危险。因为他们的方形船帆和龙形船首已经恶名昭著，绝不是结识朋友的最佳引介。

连篇累牍的纸页上覆盖着浪漫的故事，讲述这些古代维京人独特而迷人的生活。但上面没有一个字能让我相信。从物质角度看，船上的生活已经够恶劣了。而那种长期的愚蠢争端让它雪上加霜，在其中一些船上这种仇恨会延续两三代人。一般的条顿人在对待邻居的态度上毫不隐讳其个人主义。在忍辱负重方面，日耳曼人罕有其匹。他会以无限的耐心培养个人仇恨，直到有一天，他会突然爆发，毫无预警地将整个社区付之一炬。维京人在世界不同地区殖民的历史充满了无穷无尽的谋杀与复仇的故事，以及因琐事而导致最怨恨和最难以置信的争吵并时常毁灭整个村庄或聚居地的故事。格陵兰岛的情况似乎就是这样。因为显然是一次内部纷争，而不是受到爱斯基摩人的攻击，让一个持续了400多年的殖民试验走向终结。

公元1410年，最后一批维京船从格陵兰岛回到挪威。那之后，暂时可能

一个爱斯基摩家庭乘坐一般木框皮艇搬家。

　　维京人在世界不同地区殖民的历史充满了无穷无尽的谋杀与复仇的故事，以及因琐事而导致最怨恨和最难以置信的争吵并时常毁灭整个村庄或聚居地的故事。格陵兰岛的情况似乎就是这样。

只有少数冰岛渔船偶尔来到这个拥有40座普通教堂，若干主教堂、修道院和数百个农庄的繁荣社区。此后便是沉寂——完全而绝对的沉寂。当戴维于1585年来到格陵兰岛时，哪里都找不到白人存在的丝毫痕迹。古老的方形船帆和大肚龙船首消失了，取而代之的是另一种船。

那就是爱斯基摩人的皮划艇，是人类发明的所有单人独木舟中最完美也最安全的一种。它由一个轻巧的木头框架覆盖着海豹皮构成。皮艇顶部有个洞，爱斯基摩人坐在这里，腿放在皮艇里面，身体其余部分从洞口伸出皮艇外，再把自己紧紧绑住，直到他自己跟皮划艇完全融为一体，就可挑战任何天气了。如果爱斯基摩人不得不将整个家庭从海湾的一侧搬到另一侧，他就不用单人皮划艇，而使用木框皮艇，也就是所谓的女人船，它的建造方式与皮划艇相同，但顶部是开放的，而且比皮划艇大得多。

于是，当文明人造船技术中最精巧的产物消失时，野蛮人的皮划艇却幸存下来。在人类历史上，这种事情并不是头一次出现。如果白人继续保持现在的状态，这样的事无疑会再次发生。

18 中世纪时期的地中海船只

1066年9月28日，"魔鬼罗伯特"（Robert the Devil）的私生子诺曼底公爵（自从他在黑斯廷斯附近打了胜仗后，通常认为叫他"征服者威廉"更安全，至少当着他的面是这样）在佩文斯附近的苏塞克斯海岸登陆，在那一年的圣诞节，这个古老的斯堪的纳维亚家族（他们一个半世纪之前在法国定居下来）的后代加冕成为英格兰国王。

许多年之后，一群虔诚的斯堪的纳维亚贵妇开始制作一幅巨大的壁毯，它将成为贝叶大教堂的展品。她们使用8种不同颜色的精纺毛线和几百英尺的亚麻布（唉，可惜现在都已严重褪色），描绘了与中世纪北欧一次最重要的航海探险有关的不同

中世纪的地图 ▶

苏塞克斯

场面。这些虔诚夫人（在此处，这个词是表示命妇的古老含义）没有一个是那次事件的见证人。她们画那些小船的方式，就像看过《皇家方舟号》（*Ark Royal*）或《胜利》（*Victory*）的孩子现在为自己的历史书撰文和配图一样。然而，关于造船史上的这个时期，古老的《圣约翰壁毯》差不多是我

"征服者威廉"的船

们拥有的唯一可靠的图画记录，它告诉我们一个非常重要的信息——公元11世纪的船跟8世纪或9世纪的船相比几乎没什么进步。

在许多方面，它们的适航性甚至还不如那些更古老的船。不过，我们必须记住，这些船很可能是匆忙建造的，唯一的目的是将大量军队、马匹和供给运过英吉利海峡。因此，它们与当时真正的商船或战船的关系，类似于美国在1917年和1918年的德国潜艇封锁期间大量建造的木头棺材似的船，如果能够平安抵达大西洋对岸而不会裂一条缝或失去一个螺旋桨，那就算非常成功了。

除此之外，关于中世纪初期的北欧铅只，我们只有少量破碎的第一手信息，其中大部分都是若干沿岸城市的官方印章。不过，如果我们比较一下真狮子的照片与古代或现代盾形纹章设计者通过丰富的想象创造的狮子，恐怕就会认为那些小船可能也被制作盾形纹章的人大大加以美化了，是否把它们当作当时经常出入于霍伦、阿姆斯特丹和拉罗切利等港口的渔船和商船的可靠图像，我们需要非常谨慎。

但这些北方的船只在适航性方面肯定也逐渐有了些许改善，因为在第三次十字军东征（也就是因狮心王理查德而闻名的那次）中，许多英国骑士没有一路骑马前往威尼斯或热那亚，而是选择从海上完成这次长途旅行。于是，到1189年，当来自北海和英吉利海峡的船只出现在地中海上时，它们的数量多得引人注目。

那一年，或者毋宁说公元12世纪的最后10年，是造船技术发展史上具有决定性的重要阶段。北方和南方的船终于面对面地相遇了，它们的建造者能够互相学习，偷偷借用彼此的想法。就这样，一种新型船只便逐渐发展起来。然而，随着不久后欧洲文明的中心从地中海转移到大西洋，北欧人发展最快，逐渐占了上风。

在第三次十字军东征中，许多英国骑士没有一路骑马前往威尼斯或热那亚，而是选择从海上完成这次长途旅行。

阿姆斯特丹

　　当然，北方的船只依靠风力而非人力做动力。它们只在紧急情况下使用后者，就像今天的帆船游艇会在进港或离港时使用辅助发动机一样。因此我会稍后再讨论地中海大划艇，现在只比较托马斯·阿奎那和但丁时代的北方和南方帆船。

　　首先，北方的船仍然是叠接式，而南方的船（除了非常小的那些）则是平铺式。其次，南方船的建造方法似乎跟我们今天造钢铁舰船的方法大体相同，都是先造出框架，再把木板固定到框架上。而北方则先造出外壳，然后再加上船肋和用来支撑的船梁——这种方法肯定具有某种实际优势，因为荷兰海军的工程师直到18世纪初都采用它。北方人利用右舷上的单个船舵就可操纵他们的船只，而意大利人和西班牙人则使用两个船舵，分别位于船尾两侧。

　　这两种船都同样使用正方形船帆。但北方人知道如何缩帆，也就是说，他们能够在靠近桅杆顶部或中部的地方将船帆卷起来以缩小麻布的面积，从而降低船帆的受风范围。而地中海人却不了解缩帆的技艺，因此只能要么使用整幅船帆，要么根本不用。

　　我是出于方便使用"麻布"一词。其实早期的原始手动织布机无法用大麻或印度大麻（"麻布"就得名于此）纤维织出大幅布料，第一批穿过直布罗陀海峡的英国舰队用动物皮紧紧缝在一起做成船帆，当时似乎仍在使用。北方的船仅有一根桅杆，但地中海的船往往使用斜桁帆，这种帆似乎来源于腓尼基或早期希腊船只，非常小，挂在靠近船首的前桅上，用来更好地控制船只，让它保持更好的稳定性。渐渐地（我们可从许多当代绘画中了解到）这种短短的前桅开始逐渐往船首方向倾斜，也许正是位于船只前面部分的这根小小的桅杆，最终演变成我们都非常熟悉的船首斜桅。

一艘英国舰队的船

北方人利用右舷上的单个船舵就可操纵他们的船只，而意大利人和西班牙人则使用两个船舵，分别位于船尾两侧。

至于它们使用的船帆类型，我必须再次承认自己对此几乎完全不了解。我们确实知道南方人最终放弃了他们在中世纪初期和罗马时代使用的方形船帆，转而使用大三角帆。不过世界各地都普遍使用三角帆。我在日内瓦湖上见过，也在来往于桑给巴尔和锡兰的船上见过。非洲东海岸的阿拉伯人直到现在都一直使用三角帆，但我未能发现这些地区使用它而世界其余地区似乎倾向于使用方形帆的确切原因。三角帆英文名中的"lateen"或"Latin"表明它是典型的地中海船帆，并且直到现在仍然如此。

但欧洲的不同船只却有一个细节仍然彼此相似。不管是南方人还是北方人都没有想到海战完全不同于陆战，结果南方和北方的战船都仍然类似于漂浮的小城堡。船的前面和后面，以及桅杆的上面部分都是真正的迷你城堡尖塔。在战斗中，它们都被射手占据，这些人安全地躲在城堡型的厚重防御设施后面，朝着敌军射箭，直到那些留在甲板上的士兵能够登上敌船，通过白刃战决一胜负。

然而，在我们称为十字军东征的时代——它从公元11世纪一直持续到13世纪末——从西方涌向东方的大量人口乘坐的船只主要不是为战斗而建造的。阿拉伯人征服了北非与圣地巴勒斯坦，并通过不断进攻君士坦丁堡威胁到欧洲的大门，但他们不是航海民族，跟他们位于阿拉伯海和印度洋的同胞不同。在那几个世纪中，他们从未想过在海上与十字军战士相遇并阻止后者登陆。除了十字军战士（他们绝大部分都由不敬神的乌合之众组成，是一些被剥夺了遗产继承权的冒险者和恶棍，他们希望到东方去抢劫一些容易到手的战利品，而非获得永久的救赎）决定对近东的另一个基督教国家发动战争——这种情况并不罕见——之外，实际上在外海发生的战斗很少。因此，船几乎完全用于更迫切而实际的目的，也就是把成千上万的人从西欧运到西亚。正是在这个时期，热那亚和威尼斯的商人积累了巨额财富，让他们在接下来400年的世界政治事务中拥有了主导地位，并且在他们失去了从前作为东方产品集散中心的重要地位后，这种主导地位仍持续了很久。

难怪这些诚实的船长向那些坐船从故乡的港口前往巴勒斯坦海岸的单程旅行者收取那么高的费用！从亚得里亚海到雅法或尼罗河口，朝圣者们需为这短短的旅行支付昂贵的船费，用现在的货币价值换算，相当于现在一个人乘坐"玛丽女王号"或"法兰西岛号"豪华舒适的一等舱横跨大西洋的费用。而可怜的旅行者付出一把金子所获得的回报就是尽可能让自己舒服地躺在甲板坚硬的木板上（除非他自己带着毯子）；或者，如果他对新鲜空气不那么在乎，也可爬进货舱的一个阴暗角落里去，那里装满了各种货物、箱子、桶和篮子，全都没有放好，以至于一点小浪就会让它们滑来滑去，从一边滚到另一边，同时散发出混杂着大蒜、奶酪和酸葡萄酒的臭气，搭乘过意

中世纪初期的战船就像漂浮的城堡——这是13世纪的帆船。

三角帆、四角纵帆、中桅
帆和斜桁帆。

大利小型海岸蒸汽船的人都很熟悉这股气味。

　　此外，这些货物中往往还有牲口，包括几匹马，它们曾经驮着全身披挂的中世纪骑士参加战斗，如今则用于更平凡的目的，为酿酒商拉货车。让这些可怜的朝圣者更加不舒服的是，船上还聚集了各种各样喜欢阴暗、肮脏和潮湿的昆虫，以及成群结队的老鼠。而且船上完全缺乏任何卫生设施，让旅行倍加难受。不错，对那些挤在一起的航海家而言，缺少肥皂和水并不会让他们像他们现在的后代那样感觉无法忍受。在中世纪，清洁是富人独享的特权，但即使富人也并非总是热心于此。国王和王后们意识到，如果他们在海

中世纪的船只

上长途旅行，就必须放弃自己习惯的奢侈，与其他人一起洗涤；而他们那些卑微的臣民绝不会比上等人更苛刻和挑剔。

不用说，船上没有医务室。如果有人生病或受伤，他只能祈求自己的守护天使让他的意志比肉体更坚强。否则,他就只能看着自己死去，如果这样，他的遗体将被扔进海里。即便在纳尔逊时代，那些受伤严重、医生认为无法康复的水手也会受到同样的处置。

于是，大量令人愤慨的丑闻传播到整个欧洲，全都跟朝圣者遭受抢劫、谋杀或被卖作奴隶的传闻有关，而他们托付生命的船长正是此类暴行的实施者。渐渐地，热那亚和威尼斯的地方官员被迫插手。在派驻当地的外国代表们施加的巨大压力之下，他们立即制定了一套规章制度，让朝圣者"有权"拥有一定的空间，"确保"他获得一定数量的食物和酒（马姆齐甜酒似乎是最普遍的饮料），并给予他一些别的特权，为了所有这些东西，他必须花费大笔钱财。

123

但长5.5英尺、宽1.5英尺的双人席位（其中一个人必须枕着另一个人的脚睡觉）算不上旅行中的奢侈享受。它让人想起17世纪和18世纪的贩奴船，而不是装满虔诚朝圣者的客船。

旅途中的菜肴也没什么吸引力。当然，中世纪时期有没完没了的斋戒，那时每个人都只能吃鱼，因此很难为船上的乘客提供种类丰富的食物。冰箱和罐头食品是最近70年的发明，而且也没有多少保存食品的方法——除了著名的烘干和腌制食品。前者包括各种干豆子、豌豆和李子；后者至今仍然存在，包括咸肉、腌鱼和腌牛肉。

幸好航程相对较短，途中在爱琴海的岛屿上有很多停靠的站点，岛上的当地人会向旅行者出售新鲜的山羊肉和鱼干，通常价格不菲。

因此，在痛苦与困难方面，前往圣地的海上旅行远远比不上随后几个世纪发现新大陆的航行。就后者而言，饥饿难耐的水手们往往吃掉裹在桅杆和桁端上的皮革，那本来是用来保护船帆绳索的，而且他们往往不得不一连几个月靠着每天定量配给的臭水生存，总共每人每周也只有几夸脱。

当坏血病袭击船只时，船员们几乎没有任何力气活动。

他们在航行中经常会遇到

不久，运送朝圣者前往圣地的整个业务都建立在牢固的商业基础上了。第六次十字军东征（由法国的圣路易发动）无疑是所有这些不幸的冒险中准备最充足，也是最不成功的。在此期间，船上的空间被分为3个等级，就跟我们的现代轮船公司一样。船尾楼（poop-deck；在晚期拉丁语中，puppa的意思是船尾）上的若干船舱留给了贵族和上层阶级。第二个等级的乘客可进入船的中央。而第三个等级的人则被塞到甲板下面任何有几英尺空间的地方。如果你还记得从前的统舱（幸好现在它已经成为过去），就知道法王路易的这种船是什么情形，也可以想象出船上的气味了。

公元1291年，这种运输贸易突然结束，因为基督徒从他们位于巴勒斯坦的最后一批据点撤退了。令人惊奇的是，这最后一批据点居然是两座古代腓尼基城市推罗和西顿，圣殿骑士们在阿卡陷落后从这两个地方撤离。有些城市不管遭受多大的苦难，不管它们多么频繁地被敌人摧毁，似乎总能永恒存在。推罗和西顿就属于这样的城市。亚历山大大帝曾经破坏它们，但到了中世纪它们再次出现；第一次世界大战期间，西顿被英军占领，并成为他们对抗土耳其人的军事基地。如果石头会说话，这座城市的废墟就能讲述一个非常精彩的故事。推罗也同样如此。它曾经依次被尼布甲尼撒、亚历山大大帝、土耳其人和十字军占领，如今却成为试图在托管地叙利亚维持一定秩序的法国军队的中心。

不过，我怀疑它们是否见过12、13世纪那些宗教狂热者以及形形色色的

巴勒斯坦的腓力斯丁人的地区

随军商贩遭受的那种痛苦。这一群群可怜人被饿得半死不活，害着热病，被寡廉鲜耻的船主们如此粗暴地扔在它们的海滩上。

从前，有个名叫阿那卡雪斯（Anacharsis）的哲学家。他生活在公元前6世纪，出生于俄国南部。但他（从海路）经过漫漫旅途前往雅典，去见睿智的梭伦，然后（从海路）回到故乡，教他那些野蛮的塞西亚人懂得希腊文明的最大优势。他热爱格言警句，如果他生活在现代，很可能会在报纸上写专栏。

据说他有一句精妙的格言是这么说的："世界上有3种人：活人、死人和海上的人。"

阿那卡雪斯经历的海上旅行肯定不止那两次。

19 古代地中海大划艇的终结及其原因

　　大划艇是用桨橹推进的小海船，不过在适当的环境下也使用船帆，但船帆对它们并不重要。真正的大划艇首先依靠人力作为驱动力。

　　而大型横帆船有好几根桅杆，有时可运载的人数多达300人，它比大划艇的装备更好。但这种船直到大划艇开始消失才形成。结果，大型横帆船在历史上所起的作用非常微不足道，而且不管用作商船还是战船都从未成功过。因此我们对它一笔带过（它在各个方面都跟大划艇一样悲惨），然后继续讨论真正的大划艇。

　　大划艇当然是最古老的地中海船只的直系后裔。但在中世纪，大划艇经历了几次非常重要的改变，成为远比它在古希腊人和腓尼基人时期的祖先更有效率的战船。它仍然遵循以前7:1到8:1的长宽比例。就像老式大划艇一样，中世纪以及16、17世纪的大划艇露出水面的部分很少超过3～4英尺。它在船首和船尾处逐渐变得狭窄，整个船都有甲板覆盖，这个细节不同于古代挪威人顶部敞开的船。一条监工桥楼从船首延伸到船尾，监工们手持长鞭，在桥楼上走来走去。他们的任务是确保没有一个桨手偷懒。如果有谁胆敢偷懒，无情的鞭子就会抽在他身上，直到他对工作表现出更多的热情。

　　当船只参加战斗时，这些划桨的奴隶必须把木梨塞进嘴里，如此一来，他们就不会在受伤时大声哭喊，而在受到致命伤害后也会很快死去。所有的桨手都用链子锁在其桨橹或长凳上。如果船沉没，他们也会跟着沉没。

桨橹有时长达30英尺甚至40英尺，每支由4个或5个人操纵。有些桨手面向前方，有些面向后方——这种安排取决于不同的天气。他们按照自己的位置从长凳上站起来推动船桨，划完一次后再坐下。船上会用鼓或号角指示桨手的划船节奏。

桨手们赤身裸体地在烈日下工作，他们全年的衣服包括两条裤子、两件衬衣、一件红色外套和一顶冬天戴的防水帽（也是红色的帽子），以及由每条长凳上的桨手共同使用的两块毯子。除此之外，他们仅有的世俗财产是一块形如大梨的木头，栓在他们脖子周围的锁链上。当船只参加战斗时，这些划桨的奴隶必须把木梨塞进嘴里，如此一来，他们就不会在受伤时大声哭喊，而在受到致命伤害后也会很快死去。所有的桨手都用链子锁在其桨橹或长凳上。如果船沉没，他们也会跟着沉没。

一个体格健壮的普通男子应该能够每次全速划桨1小时。但根据记录，他们有时不得不接连11或12小时全速划船。为了让他们不断工作，会在他们嘴里塞上几片泡在葡萄酒里的面包，不过，如果这种补偿无法恢复他们萎靡的精力，他们就会遭到鞭打，直到恢复工作。如果有人精疲力竭，用这种可怕的方法仍无法振奋其精神，他就会被扔进海里，以儆效尤。

居然有人自愿在大划艇上服务，这似乎不可思议，但的确存在这样的阶级。他们几乎无一例外全都是以前的奴隶桨手，虽然刑期结束，但在可怕的奴隶监狱——这些恐怖的监狱位于法国南部和意大利，桨手奴隶不在海上工作时就关押于此——待了那么多年后，他们已经无法在文明世界生活。作为莫大的个人特权，这些志愿者获准蓄发。其他两种奴隶桨手，即被判刑的罪犯和奴隶（大多数是来自北非和土耳其的黑人俘虏）有特殊的发型，万一他们逃跑，就很容易被人辨认出来。罪犯的头发完全剃光，而奴隶最终有可能用来交换土耳其或阿尔及利亚大划艇上同等数量的基督徒，因此留着短发。

冲向对方的大划艇

所有这些人的食物都跟架设在船前船后的枪炮所用的弹药一起，放在船上的货舱里。在船尾楼上，有几个留给船长和高级船员的船舱。低级船员睡在船首楼里，而桨手则睡在他们工作、进餐并且最终死去的地方。

如果船来到港口停泊，但无法把桨手送进奴隶监狱关押，就会在他们的长凳上支起一面船帆，稍微抵挡一下烈日。这就是给予桨手奴隶的所有照顾。这些大划艇上没有外科医生。如果一个桨手奴隶试图逃跑却被抓住，他就会遭受开小差的人通常受到的惩罚，被割掉耳朵，或者，如果是再犯，就会被砍断一条腿，然后他就听天由命了——要么失血过多而死，要么还能侥幸活下来。

我们有很多画描绘这些古老的大划艇，它们看起来迷人又快乐，船上旗帜飘扬，船尾楼和船首都覆盖着精雕细刻的装饰图案。通常这些画上会有一支乐队，在一顶华盖下演奏着欢快的曲子，而上流社会的客人则在华盖下散步，类似于海上的野餐会。但少数生活在那个时代的诚实的作者却

一艘帆船撞击一艘大划艇

描述出与此大相径庭的场景。根据这些可靠的记录，大划艇并不是以这样悦目的面貌出现。它们会让自己的臭气弥漫整个港口。数百名没洗澡和患病的躯体滴着臭汗，盖着肮脏的毯子，散发出的气味散发到远远近近的整个水面上。人们知道一艘大划艇到来，就像40年前知道移民船到来，或者知道一列载着俄国移民的火车到达一样。

那么，在这些漂浮的"棺材"上，那些伏在桨橹上辛辛苦苦划船的奴隶（船长们总是一遍又一遍地抱怨说，他们一定会在船上"像苍蝇一样死去"）都是什么人呢？花一点时间考察这个细节将非常有趣。不过，下次你参观凡尔赛宫，欣赏伟大的路易王创造的这座最高贵的宫殿时，你或许会从略微不同的角度看待这位君主。因为事实就是这样的。

在法王路易十四的一生中，他大部分时间都在打一些完全没有意义但花费不菲的经济战争，目的是给他的家庭成员提供足够多的新领土，以满足他们永无餍足的需求。由于他有几个敌人是当时世界一流的海上强国，路易就需要一支自己的海军，由勤劳的考伯特——他是法国历史上最理想的官员——提供。但没有水手的船有什么用处？于是国王和他忠实的部长为新创立的法国海军四处寻找合适的人员。

中世纪的欧洲有着如此广泛的经济需求，要为当时的战船寻找足够的水手，这事从来都不困难。的确，除了偶尔的劫掠（因为中世纪的海战是掠夺战争，所有战利品都会分给每个水手），水手的报酬很少。但两件衬衣、两条裤子、一张毯子和足够维持生存的食物总比什么都没有强。然而，在十字军东征后，随着经济条件开始改善，人不再是无条件的驮畜——他幻想着人间天堂黄金城，希望自己在世间遭受的所有苦难都会在那里的永恒幸福中得到补偿，这种美好的幻想将人从彻底的绝望中拯救出

十字军东征

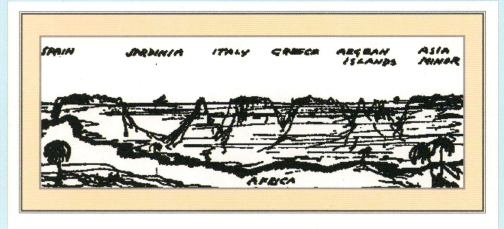

地中海

来——愿到大划艇上工作的人的数量急剧减少。

强征入伍的制度已经存在，其他所有诱拐无辜受害者的手段也出现了。但要满足当时的需求，那些手段都太慢。除了把监狱当作人员补充的来源，海军当局就再也无计可施了。于是，政府说服法官判处罪犯到大划艇上服苦役，而不是发配到不毛之地或者仅仅入狱服刑。第一条将罪犯变为桨手奴隶的法令在1532年通过。1564年，一条皇家法令规定送罪犯到大划艇上服苦役的时间不得少于10年，使得罪犯的处境更加恶化。地中海沿岸的马赛和土伦以及大西洋海岸上的布雷斯特和罗什福尔变成了供大划艇使用的特殊港口。

接着，公元1685年，穷困的大划艇船长们大发横财的机会到了，虽然有充足的廉价人力供应，他们仍不得不常常从土耳其苏丹或北非的小部落酋长（他们经常向信奉基督教的邻居们供应不值钱的大划艇奴隶）那里购买更多奴隶。1685年，路易国王废除了著名的《南特赦令》（*Edict of Nantes*），这是其前辈亨利四世于1598年通过的，旨在确保其新教臣民的信仰自由。违背誓言的路易十四大笔一挥，关闭了所有新教教堂，把所有新教家庭的孩子送进天主教学校，并规定所有在布道中宣传新教教义或听这种布道的臣民都犯了"到大划艇上服苦役的罪"。与此同时，法国的所有殖民定居点都被关闭，龙骑兵被派驻到那些被怀疑具有新教倾向的不幸市民中间，通过监视市民的一举一动发现其过失。

尽管采取了这些措施，单是设法逃往荷兰的胡格诺教派家庭就有5万个以上，但是其他人却像野兽一样遭到猎捕，一旦被捕，就会被送到大划艇上去。福音传教士是路易十四报复的特殊目标，数百名终生致力于照顾穷人和受苦人需求的可敬老人死在大划艇监工的鞭子下。因为，正如我在前面说过的那样，人一旦被锁到自己的桨橹上，就不再会离开——除了在奴隶监狱度过的几个夜晚，或者直到死神将他从自己的不幸中解脱出来。

我们知道当局如何气势汹汹地穷追不舍。我们仍然拥有大量公文，涉及

一艘突尼斯海盗船从港口出发。

135

　　人一旦被锁到自己的桨橹上，就不再会离开——除了在奴隶监狱度过的几个夜晚，或者直到死神将他从自己的不幸中解脱出来。

即使在天气温和的日子，这些古代船只也总是被那些从船体中部涌入的海浪淹没一半。

船主们要求国王"赔偿损失的诉讼"，因为国王陛下的士兵在试图用硫磺烟从那些前往外国的船只货舱里熏出新教难民时，对他们的货物造成了严重破坏。在我们的时代，这种古老的烟熏法当然仍在使用，不过现在用来清除船上的老鼠和其他害虫。

我想，总体而言，我现在已经提供了足够多的信息，让你们对古代大划艇上的生活有了模糊的概念。关于有计划的挨饿（"如果桨手奴隶长了额外的肥肉，"船长们过去常说，"他划桨的效率就会降低。"）或者其他令人反感的类似手段，我们或许就毋庸赘述了。但是请记住，在17世纪，那些在自己的污秽物中生活和死去的人，那些日日夜夜都被锁在长凳上的人，至少已不再是早先几个世纪的前辈那样的社会渣滓，而是一些德高望重的公民，他们唯一的过失就在于，他们没有按照那位杰出的主人太阳王的方式看待万能的上帝。

大划艇最后消失了，是否因为义愤填膺的公共良心要求废除它们？根本不是。17世纪的法国公共良心不过是国王陛下的个人良心，就像教皇制国家（那里的大划艇也以其严酷和不必要的残忍而臭名昭著）的公共良心不过是教皇公报告诉人们该思考什么而已。不，大划艇消失不是出于大众或其统治者的任何道德考虑。它们从外海消失是应用数学中一个小问题造成的。这个问题是这样的：

不管是那时还是现在，战船的战斗价值都用每人每分钟向敌人发射的铁弹或炮弹来衡量。普通大划艇由于外形瘦长（如果把它们造得更宽一点，天知道它们该怎样移动），只能携带3门大炮——分别布置在船尾、船首和船的中间。这样的大划艇即使3门大炮一齐开炮，每分钟也只能发射44公斤的炮弹，如果船上载着300名船员，每人每轮发射的炮弹就只有0.146公斤。那个时代，一艘普通的战列舰就可轻松携带55门炮，每分钟能向敌人发射1000公斤炮弹。如果它拥有1000名船员（大约是大型大划艇船员数量的4倍），每人每通炮发射的炮弹就有整整1公斤，差不多是大划艇的7倍。

比较这两个数据，然后记住大划艇的造价比帆船昂贵得多，而其平均速度只有大约4节，但即便是维京人的小帆船也可以轻松地达到8节的速度，这样一来，你就能够理解为什么大划艇最终被抛弃了——它们无法满足需要，仅此而已。

至于三桅快帆船，共有6艘参加1571年的勒班陀（Lepanto）战役（这是

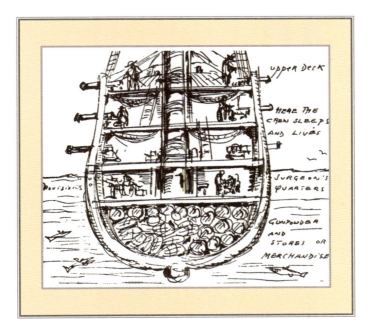

17世纪大划艇的剖面图

最后一次真正由桨橹驱动的船只占决定性因素的重要海战），据说无敌舰队中差不多有24艘这种船，它们比普通大划艇更长更宽也更高，其长宽比为5.5:1，每一边有28～35支桨，但由于这些船比大划艇高得多，相应地其桨橹也更重，每支桨需要7个或8个人操纵。

在海浪很大时，这些沉重的船只比大划艇更稳定，其桨手也比普通大划艇的桨手受到更好的保护，但船的体积使得它们很难控制，在与那些利用船帆而非人力的小型船只作战时，它们完全派不上用场。

于是，三桅大划艇和普通大划艇就从大海上消失了，从那以后，又有许多其他过时的战船消失，就像我们自己的无畏舰和巡洋舰面对潜艇和飞机的威胁也会很快消失一样。

20 古代舰船史结束，新时代产生

公元1372年，火药首次用于海战。不过，当我说起火药时，请不要想到我们现代军舰上的16英寸炮弹。这些早期的长管炮、轻炮、大口径短炮和回旋炮发射的石弹真的不会造成多大损害（除非整门炮爆炸，炸死自己的海军，这种事情并不罕见），并不比男孩用弹弓发射的石子危险多少。

实际上，为了预防这些石弹造成的破坏，14世纪的造船者静静地在船的两侧竖起倾斜的屋顶，这样炮弹就会像顽皮的小男孩扔的弹珠一样滚进大海。

然而，就像人类用来杀人的其他发明一样，弹药发展很快。它们的子弹速度起初跟一个拥有中等力量的男子把一块很重的石头扔出几码远的速度差不多，但到15世纪却飞快提高，只是，对于那些给弹药加上引信的人来说，它们仍然是非常危险的玩具。有一位真诚的国王，苏格兰那位可怜的詹姆士二世，就因为自己的大炮发生爆炸而被炸得粉身碎骨。但这种风险是进步中不可缺少的部分，我们或许会由此想起20年前的一次事故：法国的作战部长在视察第一批飞机时，被其中的一架弄得受了重伤并因此死去。随着整个世界都注意到火药，加农炮很快达到相当完美的程度，早在15世纪中期之前很久，它们就能够将重达600磅或700磅的石弹发射过一块近300英尺宽的土地。

正是在这个时期，固若金汤的古老城墙和城堡开始以最可怕的速度崩塌。1000多年来，君士坦丁堡成功地保护了欧洲的大门，但随着土耳其人完善了一种崭新的"射石炮"（这种大炮的英文得名于其巨大的响声），能够发射重达1000磅的石弹，它就很快陷落了，这绝非偶然。

现在我们将更详细地讨论这个主题，因为所谓的贝特霍尔德·施瓦茨（Berthold Schwartz）的发明完全改变了海军机械师的手艺。

从远古时代起，船只就具有两个用途，即用于战争和用于和平。但在一个人人都把他人视为潜在敌人的世界，这两种用途时常交叠。我们不再像祖先那样轻易又清楚地意识到自己是掠食动物，也不过是几个世纪之前的事情。他们在处理日常事务时都全副武装，以抵御突然的袭击。他们总是带着剑或匕首。我们不再那样做，因为我们认为应该由警察去对付那些"非社会"的社会成员。与此同时，在外海上，我们有自己的海岸警卫队在渔夫和走私船之中维持秩序，有海军保护我们免受海盗袭击。但在3000年或4000年前，甚或在两个世纪之前，即便是执行最和平的使命，每艘船也不得不防备所有不测。在船只开始用于外贸3000年后，要区分真正的商船和全副武装的战船仍非常困难。

弹药的发明彻底改变了这一切。从那以后，商船所带的大炮就不可能跟正规的战船一样多了。因为，如果它那么做，笨重的加农炮将占据存放货物所需的全部空间。如此一来，两种不同类型的船只就逐渐缓慢但明白无误地发展出来：一种类型明确地演变成纯粹的货船；而另一种则变成作战机器，用来保护商船，确保商业航线向所有从事合法贸易、探索远方土地与殖民地的船只开放。

这就给我们提出一个有趣的问题：战船的准确定义是什么？我想应该

这样回答：战船是一个漂浮的弹药库。在所有条件都相同（指挥官的技巧、船只的装备以及海浪、风和洋流）的情况下，能够比敌船在更短的时间内发射更多铁弹或钢弹的船将获胜。为了确保胜利，它必须拥有比对手更快的速率，这样它就能舷炮齐射并比其他船只更快地返回重装弹药。

后一个细节在100年前比现在更重要。一艘现代军舰能够在几秒钟内开炮并重装炮弹。但即便在纳尔逊时代，大炮也需要差不多半个小时才能重新装好炮弹。大炮低矮的木头支架被绑在船的侧面，必须松开那些绳子，将大炮推进来，加以清洗。重装的弹药必须填进炮膛里，再嵌入一发炮弹或填满的链炮。然后再次将绳子绑好，以免大炮的后坐力杀死开炮的人，并给甲板造成严重损坏。大炮往往也会因为长时间的战斗而变得滚烫，导致炮筒堵塞，因此必须浇上几桶水让它凉下来。之后，船必须开回原来的位置，好让它齐射的炮弹击中敌人而非

爆炸

周围的大海。等这一切都准备好了，才能最后下令开炮。

因此，自从14世纪之后，海军机械师就被召集起来解决两个矛盾的问题——重量与速度的问题。

重量的问题非常重要。16世纪的一门巨炮重达8000磅，因此，在仅有60门大炮的主力战舰（相对较小）上，单是大炮的净负载就达60×8000=480 000磅。凭借船帆获得的风力，移动480 000磅的钢铁，再加上共达数万磅的船和弹药的重量，这可不是一件容易的事情。

由此产生了一系列试验，至今仍在快乐而持续（甚至更昂贵了）地进行，就跟两三百年前荷兰、英国和法国争夺海上霸权时一样。不管是过去还是现在，关于重量与速度之间最有效率的关系，每个国家都有自己的观点。每个海军的船舶设计师对此都有自己的看法，并且会不顾纳税人需要付出的代价，为自己的看法而攻击其他技术专家。结果，每个系列的军舰都迥异于前一个系列，直到去年的无畏舰看起来差不多就跟去年的汽车一样古旧。

这种情况至今已持续数百年，爱好和平的公民若想写一部接近准确的舰

西班牙人和葡萄牙人凭借这些船征服了世界。

船史，会因此遭遇相当大的困难。不管怎么说，科学的真正目标是给混乱局面带来秩序。

植物学家收集地球上所有乔木、灌木和杂草，然后按照他们简洁有序的系统给植物分类，所以，不管我们身在何处，只要了解某种植物的花瓣与雄蕊等细节，就可将它归类。

人类学家根据头骨的长度与宽度来给人分类，我们现在全都被分为"brachycephalics"或"dolichocephalics"，即短头颅的人和长头颅的人。

研究艺术的专家构建了复杂的图表，以极其繁复的细节告诉我们希腊建筑学派何时、怎样从埃及建筑学派发展而来，荷兰的风景画家怎样、为何、以什么方式影响到其同时代的法国人，伦勃朗对戈雅有何影响，戈雅又对现代学派有何影响，等等。

但船只完全拒绝自己被塞进一个个整齐有序的小隔间里，上面贴着"17世纪丹麦船""16世纪法国船"或"19世纪土耳其船"之类的标签。它们的外表改变得太快太频繁，仅仅用科学家或分类学家的网子无法捕捉。

甚至它们的名称也无法标明它们真正所属的类型。诸如大帆船（carrack）、大型横帆船和三帆护卫舰（frigate）之类的词使用非常随意。在一个国家叫作三帆护卫舰的，在另一个国家叫大型横帆船；而大帆船差不多可以指任何船只，从拥有高高船尾楼的葡萄牙三桅船到没有船尾楼的弗兰德单桅船，都可以。

水手中善于表达的人很少，他们有其他事情要做，而不是研究词语的含义。他们听到一个自己喜欢的新词，就会直截了当地使用它。海军的船舶设计师们也是讲求实际的人，他们飞快地造船，以便在敌人的船驶离港口之前就把自己的船开到外海上。他们为了成功而造船，丝毫不关心有关造船学的教材怎么评论他们设计的最新产品。

海军的船舶设计师们也是讲求实际的人，他们飞快地造船，以便在敌人的船驶离港口之前就把自己的船开到外海上。

假设一家荷兰造船厂正忙着建造一艘拥有80门炮的无畏舰。为了成功地运载这些庞大的武器，就必须把大炮从上到下排成3列。假如他们在建到一半之前，听说某个英国船长在阿姆斯特丹的酒馆，一边喝着杜松子酒一边跟人随意聊天，谈起最近英国建造出同样类型的船且已经证明它完全是一大败笔："哎！先生们，我亲眼见过它们！除非大海跟磨坊水池一样平静，否则下面的整个一列大炮都毫无用处。舷窗太靠近吃水线了，一旦有点微风，船

145

就会进水，他们只好关闭那些新式军舰的下层舷窗，以防漏水。只要船在水上，就绝不会打开它们。"

那些荷兰机械师该怎么办？他们会立即在自己的船上放弃底层大炮，增加上面两层大炮的数量和大小。这当然就不可避免地需要完全改变船的索具，因为老式的船帆不可能移动这些新的负荷。英国人会在那个周末知道这些新计划，因为这种消息传得很快。但在他们根据敌军营内这个出人意料的进展而改变自己的计划之前，从须德海的海滩上又传来新的流言，说阿姆斯特丹的海军司令宣布反对桅杆和船帆的新设计，因为这会让船头重脚轻，阻碍了操纵速度。于是英国计划被抛弃，而英国的造船者只好想点别的点子，好抢在他们的荷兰同行前面。

当那个"别的点子"渡过北海，荷兰人的计划将被扔进火里烧掉（丢进

北海

第一座灯塔

废纸篓里太危险——间谍会发现它们），荷兰海军当局会绞尽脑汁地试图超越其英国对手。

我没有夸张。我们知道船在建造过程中经常做各种改动和变化，当它们最终完成准备投入使用时，它们已经与摆在海军大臣桌上的最初模型毫无相似之处了。

尽管船只的制造年代可能不难确定，很容易辨认出"它大约属于16世纪上半叶"或"属于18世纪下半叶"，但要将过去的所有船只归于某个不允许出现变体的确定种类却极其困难。因为在过去的造船过程中，变动至关重要，而标准类型毫无意义。

武装商船可以说是其他类型船只的范例。"carrack"一词普遍用于欧洲的每种语言。英语把这种船称为"carrick"或"carack"，有时也称为"carrock"；法语称之为"caraque"；德语将它变形为"kracke"；而荷兰人想到他们自己的动词"kracken"，其含义为"压服"，因此含含糊糊地把这种船等同于制服敌舰的想法，而把这个词缩短成"kraak"；葡萄牙人似乎是这种船的始创者，他们把该词拼写成"carracca"，最接近其最初的含义"navis carricata"，即"负重的船"（英语中的汽车"car"和马车"carriage"都来源于这同样的词根），也就是一艘载重量很大的船。

起初武装商船跟其始祖相似，那是古罗马的圆形桶状商船。但那种古罗马船只虽然在地中海平静的水面（当然是相对而言，跟北大西洋上常见的汹涌波涛相比还算平静，不过天知我知，在地中海上晕船会有多厉害）上航行得很好，但如果要前往亚速尔群岛或佛得角群岛，它就毫无用处了。在欧洲于15世纪中期发现并充分考察这些岛屿后，在巴托罗缪·迪亚斯（Bartholomew Diaz）于1488年看见好望角之后，通往印度的航线终于具有了实际可能性——只要拥有合适的船只承担如此漫长的航行。必须建造更大的船。它们被建了出来，10年后，第一批载重从250吨到400吨的4艘葡萄牙船只，在达·伽马的指挥下和一个阿拉伯领航员的指引下，在马拉巴尔海岸

这些小船可不是北冰洋的对手。

的卡利卡特抛锚停泊。

当这次探险的消息传到北方时，英格兰、法国和低地国家的商人们忽然警觉和留意起来。在一些如巴约讷（位于西班牙边境以北几英里，在比斯开湾里面）这样的南方港口，他们已经见过葡萄牙的武装商船，以及一些略小的西班牙轻型多桅帆船（也就是同时代的荷兰卡维尔船）。偶尔也会有一艘热那亚或威尼斯的武装商船来到南安普敦，满载着葡萄酒、油和香料。后来，当英格兰与西班牙之间出现了战争的威胁时，当荷兰反抗菲利普二世的统治时，这些北方人对皇家海军那种被称为大型横帆船的笨重四层甲板船产生了兴趣，这些帆船的英文名称来自大划艇，但它们已经完全抛弃桨橹而只用船帆，与后者不再有任何联系。

现在，所有那些类型的船——武装商船、轻型多桅帆船、大型横帆船——都有一些共同之处，而在其他方面则彼此不同。然而，就普通人而言，他愿意怎么叫都行。当老彼得·布勒哲尔（希尔·布勒哲尔和维尔维特·布勒哲尔的父亲——这是一个趣味各异的绘画世家）在16世纪初雕刻下他著名的当代船只系列时，他把自己的描绘对象简单地称为"轻型多桅帆船或大型横帆船"，从而免除了所有麻烦。不过，地中海沿岸国家当然从自己那面密切地关注着北方邻居建造的一切船只，当一条来自济里克泽（Zierikzee）的过于大胆的槽型船（flute；跟"float"是一个词，是一种筏子）、一条弗兰德的叠接式小船或一艘来自霍伦的载重船（vlieboot）被抓住，拖进里斯本或桑坦德（Santander）的港口时，葡萄牙和西班牙海军当局都会极其细致地检查这些受欢迎的战利品。因为这些固执的北方异教徒暗地里隐藏着各种邪恶的花招，这是尽人皆知的事实。你永远说不准，为了到这些南方水域到处巡视，他们在索具和龙骨方面又会要什么新花样。船上虽然飘扬着无害的中立国的旗帜，实际上它们却试图偷偷找出更多有关印度航线的秘密。

当然，现在也有同样的事情发生，只不过我们更公开一点罢了。为什么所有国家都在不同邻国的首都安排一些所谓的海军武官？无非是想发现这些潜在敌人的船只引入了什么新的改进。众所周知，每个商业造船厂都在对手的公司里安插了若干薪水丰厚的间谍，目的是掌握对方的所有新进展和想法。冠达邮轮公司（Cunard line）刚想安装另一种涡轮或重新布置其餐厅和厨房，瞧！日本邮船株式会社（Nippon Yusen Kaisha）和法国通用公司就宣布他们即将对自己的船做这些改进，反之亦然。

因此，如果17世纪有个荷兰人发明了一种建造桅杆和帆下桁的新方法（帆下桁允许桅杆用两三个不同部分构建，完全抛弃了由一块帆布构成的旧式船帆，而代之以若干更小的单个船帆），那个时期的西班牙和葡萄牙船只随后很快就会带着自己的新桅杆出现，它们也是由两三个不同部分构成，并且挂着同样的新式船帆。

我可以继续顺着这条脉络再写好多页。葡萄牙人刚从自己船只前后甲板的船楼（把它们安置在这里是为了在敌人登上船时从此处瞄准中部的甲板射击）移走枪支，荷兰和英国船也会很快做同样的改动。一旦某个国家用铜代替铅板用来保护吃水线下的船体，全欧洲的铜都会出人意料地突然涨价，因为随后其他所有海军上将都会赶紧购买同一种有用的金属来给自己的军舰包上一层铜皮。

让我最后再举个例子，说明某些类型的船只会遇到多么怪异的奇遇。大划艇在波罗的海从未普及。当然，维京船也可用桨橹驱动，因此也算得上真正的大划艇。如果你拥有足够的桨和足够的人，而且时间又充足，不用匆匆忙忙，那么你或许也能够划着"不来梅号"或"玛丽女王号"穿过大海。不过，熟悉早期俄国海军图画的人，还记得有两艘正宗的地中海大划艇悬挂着沙皇彼得大帝崭新的蓝、红、白军旗。如果你再思考一下这个主题（对此我表示怀疑），你很可能心里会想："当彼得待在荷兰的时候，他肯定偶然碰

芬兰海岸有无数小岛，以前富有的俄国人曾在上面建造避暑的别墅。普通的帆船不可能在这些狭窄而变化莫测的海峡中航行，但它们的理想位置却很适合使用吃水浅的大划艇。

到了一个威尼斯或热那亚造船者，很可能收买那人到俄国去，为他新建的海军造几艘大划艇，因为他希望靠他们击败瑞典，让他计划在芬兰海湾兴建的新首都受到保护，以免遭到外国攻击。"

　　芬兰海岸有无数小岛，以前富有的俄国人曾在上面建造避暑的别墅。普通的帆船不可能在这些狭窄而变化莫测的海峡中航行，但它们的理想位置却很适合使用吃水浅的大划艇。不过，据我所知，彼得大帝从未遇到意大利造船者。他只是简单地询问自己在阿姆斯特丹和赞丹的朋友能否为他造几艘大划艇，他经常听人说起这种船，尽管从未见过——原因很简单：它们在他学习造船技术的国家并不存在，但这并不妨碍荷兰海军设计师接受他的提议。

生意就是生意，于是他们默默地找了些有关大划艇建造技术的专著，卖给那位野蛮沙皇（他舍得为自己真正想要的东西花大笔钱并因此而闻名）两艘大划艇，让他驾着这种船与瑞典敌人尽情地作战。于是，斯德哥尔摩的海军司令也给自己的战船配备了桨橹，因此，注意！我们看到的是两种不同的地中海大划艇，它们在波罗的海北部的北极天空下展开了激烈的战斗。

我希望自己至少说明白了一件事情。有些类型的船只，每个人都能一下子认出它们属于15世纪，而其他的则属于16世纪。但那些彼此交叉混合的类型，最终会产生一种古怪的新后代，它保留了父母的所有最好的特点，到今天，要厘清它们模仿的船只最初的不同模式，几乎已经不可能。我们只好把它们全部归入17世纪的船只或18世纪的船只，就此罢休。

一座现代灯塔